Les baromètres de l'âme

Naissance du journal intime

Pierre Pachet

Les baromètres de l'âme

Naissance du journal intime

HATIER

HATIER LITTÉRATURE

Directrice littéraire : Colline Faure-Poirée

Collection Brèves Littérature
dirigée par Michel Chaillou

Dépôt légal n° 10673, septembre 1990.
ISBN 2.218.02732.1
Responsable du visuel : Hélène Quinquin
Recherche iconographique : Nathalie L'Hopitault
Conception graphique : Coriat & Associés

« Notre existence est successive et ne peut être conçue autrement. »
Maine de Biran

Albrecht Dürer (1471-1528)
Touffe de primevères, 1526

Albrecht Dürer (1471-1528)
La Mélancolie, 1514

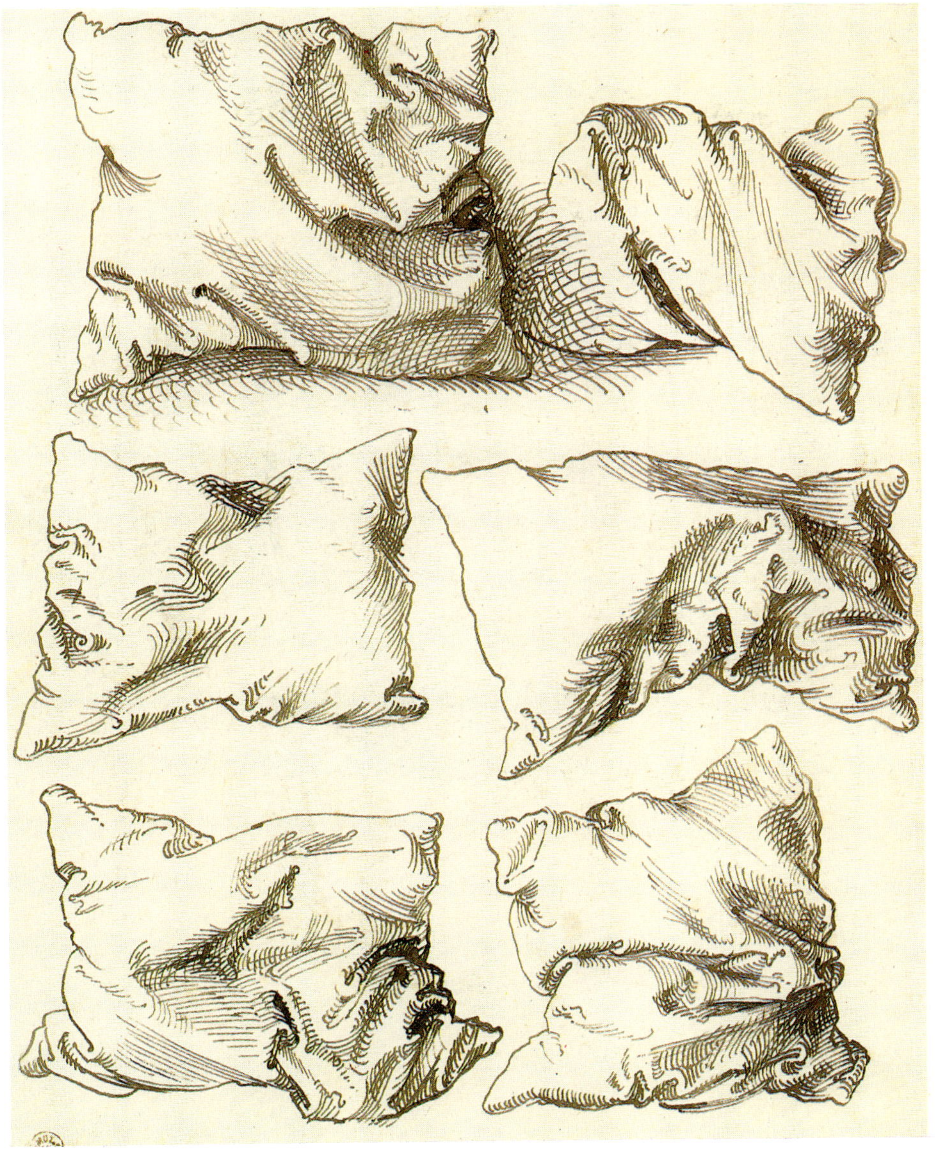

Albrecht Dürer (1471-1528)
Six coussins, 1507

Philippe de Champaigne (1602-1674)
Vanité

René Magritte (1898-1967)
Le Double secret, 1927

Lucas de Leyde (1494-1533)
Le Jugement dernier, détail, 1526

Nicolas de Mathonière (1573-1640)
La Grâce de Dieu, le libéral arbitre et l'orgueil de la vie, 1610

Georges de La Tour (1593-1652)
La Madeleine à la veilleuse, détail, vers 1640-1646

Pierre de Valenciennes (1750-1819)
A Rocca di Papa, montagne dans les nuages

Hans Hartung (1904-1989)
T 1935 — 1, 1935

Paul Huet (1803-1869)
Ciel rose

Paul Huet (1803-1869)
Ciel d'orage

Eugène Boudin (1824-1898)
Soleil couchant

Pierre de Valenciennes (1750-1818)
A Rocca di Papa, montagne cachée par des nuages

François Desportes (1661-1743)
Etude de nuages éclairés par le soleil couchant

Nicolas Poussin (1594-1665)
L'Orage, 1651

Francisco José de Goya y Lucientes (1746-1828)
Le Portefaix

Rodolphe Bresdin (1822-1885)
Les Rochers, 1884

Antonio Guardi (1698-1760) et Francesco Guardi (1712-1793)
Le Ridotto, vers 1750-1755

Caspar David Friedrich (1774-1840)
Le Cimetière sous la lune, 1834

Jean-Etienne Liotard (1702-1789)
Nature morte, 1782

XVIII

William Blake (1757-1827)
Urizen se débattant dans les eaux du matérialisme, vers 1794

Pierre Soulages (né en 1919)
Peinture 14 avril 1956, 1956

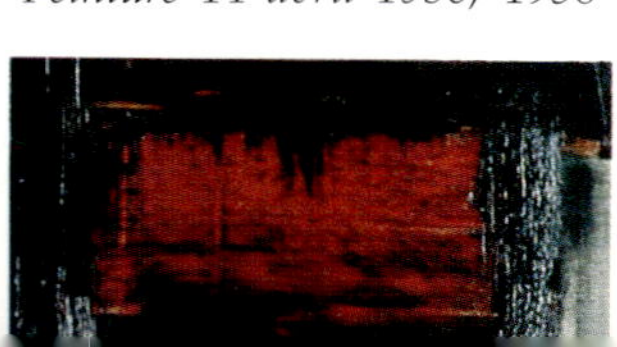

William Blake (1757-1827)
Albion se leva ou l'Heureux Jour

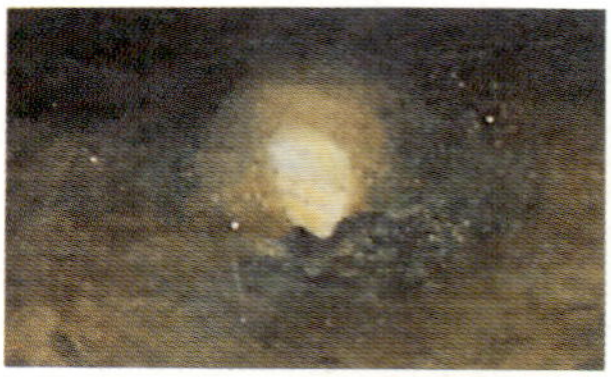

Joseph Mallord William Turner (1775-1851) *Messieurs les voyageurs à leur retour d'Italie (par la diligence) pris dans une tempête de neige sur le mont Tarrar, le 22 janvier 1829,* 1829

Camille Corot (1796-1875) *Homme marchant sous les arbres,* 1859

Jean-François Millet (1814-1875)
Narcisses des bois, fleurs du printemps, 1867-1868

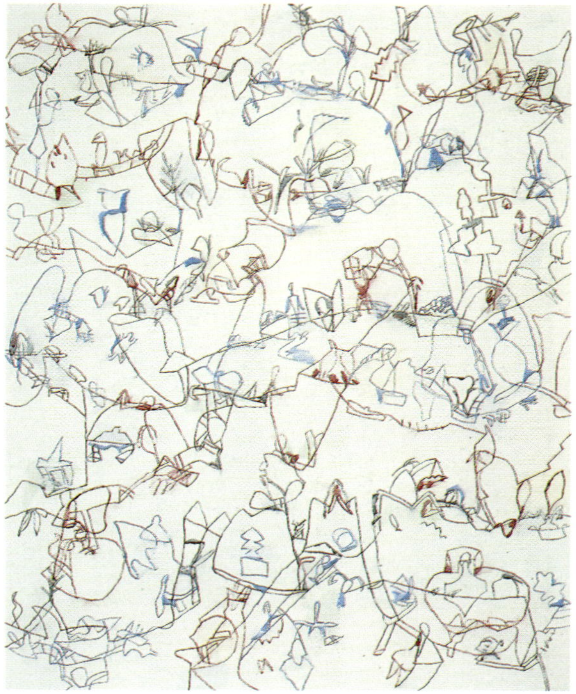

Jan Voss (né en 1936)
sans titre, 1981

Jan Voss (né en 1936)
sans titre, 1982

Kurt Schwitters (1887-1948)
"Okokade", 1926

Juan Gris (1887-1927)
Le Petit déjeuner, 1915

Odilon Redon (1840-1916)
Le Prisonnier, vers 1880

Antoine Berjon (1754-1843)
Double étude de tulipe

René Magritte (1898-1967)
L'Evidence éternelle, 1930

Le Titien (1488/1489-1576)
La Vénus d'Urbin, ensemble et détails, vers 1538

en revenant au bord d'un ruisseau.
Selle avec poitrail au pommeau, fourreau du fusil vert
tête de Michelange
Couverture blanche
les femmes qui sont venues présenter le lait aux drapeaux et au Kaïd.
en descendant:

vaste plaine marécageuse, très détrempée au premier voyage ; très sèche à présent. drapeaux
hommes éclairés par derrière
burnous transparent autour de la tête, de même que le pan qui couvrait le fusil.
passé une petite rivière très bourbeuse. C'est dans cet endroit où nous avons vu courir la poudre pour la 1re fois au 1er voyage.
Commencé à monter la montagne où est la forêt de lièges. Source charmante à droite qui serpente depuis le haut. Fleurs en profusion.
Vue superbe en se retournant.

Eugène Delacroix (1798-1863)
Portrait de l'artiste, détail, vers 1839, inachevé

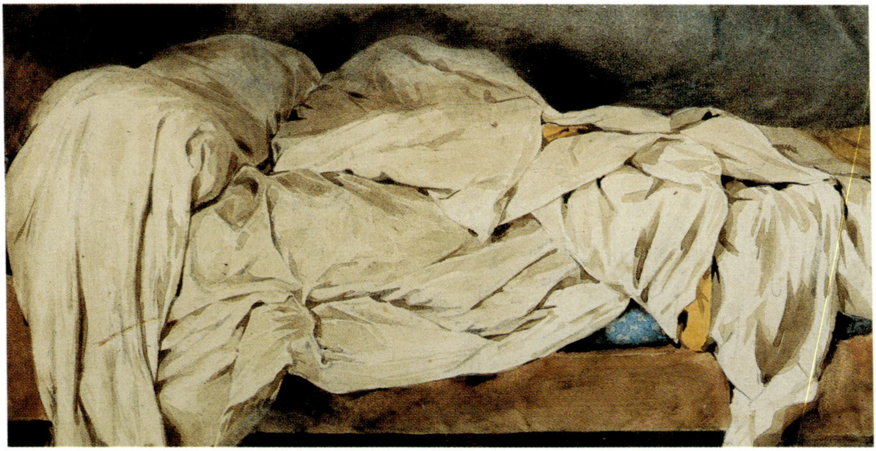

Eugène Delacroix (1798-1863)
Un lit défait

Eugène Delacroix (1798-1863)
Album d'Afrique du Nord et d'Espagne, 1832

Eugène Delacroix (1798-1863)
Journal d'Afrique du Nord et d'Espagne, 1832

Eugène Delacroix (1798-1863)
Etude de ciel nuageux, vers 1824-1826

Eugène Delacroix (1798-1863)
Tête de chat, vers 1824-1829

Eugène Delacroix (1798-1863)
Etude de ciel au crépuscule, vers 1849

Eugène Delacroix (1798-1863)
Etude de ciel au soleil couchant, vers 1849

Eugène Delacroix (1798-1863)
Parterre de fleurs avec hortensias roses, scylles bleutés et anémones rouges, vers 1849

Eugène Delacroix (1798-1863)
Vaste plaine sous un grand ciel au soleil couchant, vers 1849

Théodore Chassériau (1819-1856)
Les Heures: Anges autour d'un cadran, vers 1840

Sir Edward Burne-Jones (1833-1898)
La Roue de la fortune, 1883

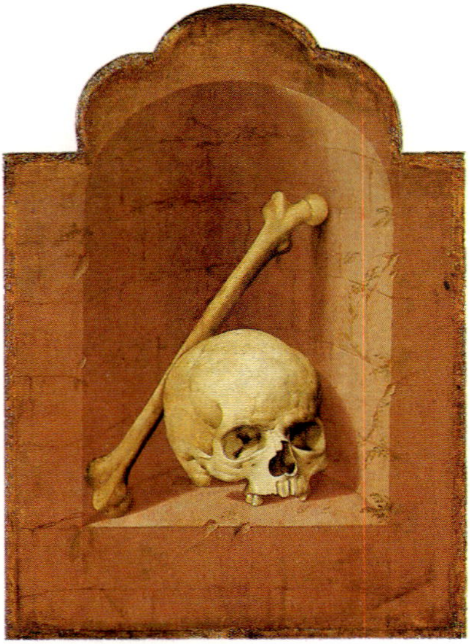

Barthel Bruyn le Vieux (1493-1555)
Crâne et fémur, vers 1540

Francis Bacon (né en 1909)
Trois personnages dans une pièce, 1964

IL

Eugène Boudin (1824-1898)
Soleil couchant

Théodore Rousseau (1812-1867)
La Mare ; ciel orageux

Marc Rothko (1903-1970)
The Green Stripe, 1955

155
156

Gérard Gasiorowski (1930-1987)
Fleurs, 1973-1982

Hans Arp (1887-1966)
Selon les lois du hasard dites points et virgules, 1944

Introduction

Peut-on parler d'une histoire du journal intime?

Il s'agit d'écrire une histoire qui ne se passe pas dans le temps historique, celui où se manifestent les événements: puisque les écrits dont nous parlons, par définition, sont écrits pour ne pas se manifester, pour être cachés. Ils ne peuvent s'écrire qu'à ce prix. Cette obscurité au moins temporaire est leur terreau.

« Temporaire »: en effet, au bout d'un certain temps, sur lequel l'auteur du journal intime n'est pas sans pouvoir, quelques-uns de ces écrits cachés voient le jour de la publication. Commence alors une histoire au sens habituel du terme, dans laquelle ils se rejoignent les uns les autres, et se comportent comme le font les autres écrits de l'histoire de la littérature: les premiers publiés agissent sur ceux qui viennent ensuite, les auteurs s'entrelisent, les écrits intimes se succèdent, vivent dans le même temps et finissent par être bizarrement contemporains.

Cette histoire peu ordinaire rassemble-t-elle, doit-elle rassembler tous les écrits, célèbres ou non, admirables ou banals, qui se rangent sous la catégorie du « journal intime » ? Faut-il mêler avec neutralité les journaux intimes de Benjamin Constant, qui illustrent et renouvellent l'idée même de littérature, et ceux du quasi anonyme P.H. Azaïs (tenus entre 1811 et 1844), « témoin de son temps » selon l'expression de la thèse que lui a consacrée M. Baude à l'université de Lille-III en 1980, ou ceux de C. Brame sur lesquels nous informe une enquête de Michèle Perrot et G. Ribeill ? On ne peut alors que renvoyer les lecteurs aux travaux des historiens de la vie privée, quand ils s'efforcent de constater, de dater, d'expliquer le développement d'une certaine dimension de l'intime au début du dix-neuvième siècle (cf. *Histoire de la vie privée*, tome 4, De la Révolution à la grande guerre, chapitre « Le secret de l'individu », par Alain Corbin, éd. du Seuil).

Tous les journaux intimes, ou presque, nous enseignent quelque chose, ne serait-ce que sur la vie ou le caractère de leur auteur. Ceux qu'avait commencé à tenir Lucile Laridon-Duplessis avant même d'épouser Camille Desmoulins (et qui sont conservés à la Bibliothèque historique de la ville de Paris) abondent en renseignements précieux, non seulement sur sa vie avec l'illustre révolutionnaire, mais sur ce qu'était la sensibilité d'une charmante jeune fille de la fin du XVIIIe siècle (voir le commentaire qu'en donnait André Monglond dans le deuxième volume de son *Histoire intérieure du préromantisme français*, Grenoble, 1929). Mais si Lucile a pu émouvoir et séduire son époux, puis d'autres révolutionnaires comme Danton, puis Chateaubriand et pour finir quelques modernes, c'est moins par son journal que par ce qu'il permet d'imaginer de sa personne. Convient-il d'ailleurs à l'idée que nous nous faisons d'un journal intime ? Lucile y tient le compte des événements de sa vie, de ses émois, des incertitudes de ses sentiments ; le temps qu'il fait, les nuages et le ciel jouent un rôle dans les sentiments qu'elle note ; mais son journal n'est pas l'occasion de ce retour dubitatif sur soi, de cet examen de l'inconsistance de soi auxquels nous voulons restreindre le genre. Lucile commence à tenir son journal en juin 1788 ; Joubert ses petits carnets en octobre 1786. Y aurait-il là un moment historique à saisir, à expliquer ? Michel Gilot, le savant éditeur des *Journaux* de Marivaux, évoque ce moment dans un bel article intitulé « Quelques pas vers le journal intime » (dans *Le Journal intime et ses formes littéraires*, colloque de 1975, éd. par V. del Litto, Genève, Droz, 1978).

A propos justement de Benjamin Constant, André Monglond évoque une autre charmante figure féminine, celle de Madame de Charrière, née Belle de Zuylen, qui vivait malheureuse au bord du lac de Neuchâtel dans le manoir de son mari, gentilhomme vaudois (protestant de la secte « vaudoise »). Le pasteur du village, dans son journal « intime », en 1783, donnait une description de cette paroissienne « malheureuse si romanesquement » (Monglond, *op. cit.*, t. I, p. 231). Devrions-nous alors nous intéresser à ce journal rencontré en passant ? Sans nul doute, s'il ne s'agissait d'un écrit doublement disqualifié : d'abord parce qu'il est trop subordonné au devoir pastoral, et plus précisément à une perspective religieuse ; or il nous semble que le journal intime moderne, s'il doit énormément à des précédents d'inspiration religieuse dont nous parlerons, se définit par son indétermination par rapport à la foi ; il met en scène une âme incertaine sur elle-même et sur ce que serait le salut (celle de Maurice de Guérin, par exemple), non une âme qui mesure ses progrès sur une voie connue (celle de sa sœur Eugénie). L'écrit du pasteur suisse, nous le récusons secondement parce qu'il se soucie trop de l'extérieur (les âmes de ses fidèles), pas assez de celle de son rédacteur. Quant à Madame de Charrière elle-même, sur qui Benjamin Constant a écrit une page enflammée dans *Le Cahier rouge* (« Je me souviens encore avec émotion des jours et des nuits que nous passâmes ensemble à boire du thé et à causer sur tous les sujets avec une ardeur inépuisable »), si elle a publié des romans par lettres, proches d'une expérience vécue, si on connaît d'elle des lettres, si elle a sans doute révélé au jeune Constant une certaine dimension de l'intimité psychologique, elle n'a pas laissé de journal intime.

On peut, dans le cadre d'une histoire littéraire, fixer des points de repère assez précis, dire par exemple que Maine de Biran et Benjamin Constant, par leurs journaux intimes, donnent le départ d'un genre dont l'expansion n'est pas encore terminée de nos jours. Pour l'histoire générale il n'en va pas de même. Il y a évidemment eu des journaux intimes avant 1800 ; moins novateurs ou plus conformistes que ceux des grands auteurs que je viens de citer, ils s'inscrivaient dans d'autres cadres (livre de raison ; cahier de souvenirs ou album de citations ; enregistrement méthodique de progrès dans la voie de l'amélioration spirituelle ; journal de voyage). Sans doute devrais-je alors honnêtement reconnaître que la définition ad hoc que je donne est faite pour ne convenir qu'à des écrivains de qualité, et que mon souci principal, en parlant de ces écrivains, n'est pas de reconstituer l'histoire de la société bourgeoise au dix-neuvième siècle.

Quelle est donc ma définition ? Je pourrais l'emprunter à Charles Du Bos, dont le propre journal est plein de réflexions sur la définition du genre et de citations merveilleusement bien choisies extraites des œuvres de ses prédécesseurs célèbres. Ainsi, quand il lit l'édition anglaise du *Journal de jeunesse* de Tolstoï, 1847-1852 : « Lecture qui m'a intensément intéressé — je dirais volontiers à cause de sa monotonie même, car on y touche ce qu'est en son essence le Journal comme instrument de perfectionnement moral et ne visant à rien d'autre. Non seulement les règles de vie y prédominent et un curieux chapitre — est-ce d'*Enfance* ou d'*Adolescence*, je ne me souviens plus ? — nous montre Tolstoï, avec mille puériles précautions matérielles (*how I have lived through all that!*) traçant lui-même son programme : à plusieurs reprises il va jusqu'à dresser des *tables of failings* à l'instar de Franklin (par pure curiosité, *I will have just to dip one day in Franklin* que je soupçonne d'avoir été le premier, sinon à pratiquer, du moins à systématiser ce que l'on pourrait appeler l'arithmétique et les tables de multiplication du perfectionnement intime) » (*Journal 1924-1925*, Corrêa, 1948, p. 65).

Le journal intime comme « instrument de perfectionnement moral »: une telle restriction intimide, tant on sent qu'elle risque d'exclure des œuvres dont la qualité spirituelle devrait les qualifier sans réserve, alors que les œuvres de Benjamin Franklin, justement, quelle qu'ait été leur énorme importance (Delacroix lui aussi y fait référence), tirent les écrits intimes du côté du prosaïque, d'une utilité très immédiate. Peut-être pourrait-on dire alors qu'un journal intime est un écrit dans lequel quelqu'un manifeste un souci quotidien de son âme, considère que le salut ou l'amélioration de son âme se fait au jour le jour, est soumis à la succession, à la répétition des jours, source de permanence et de variation. Si cette entreprise a une portée spirituelle, tout en se détachant des pratiques religieuses strictes (le journal intime, c'est bien au contraire le signe qu'un individu décide de faire face seul à l'insuffisance de son âme, sans confesseur, sans s'appuyer sur une pratique, sur un rite, en réinventant des secours), c'est qu'il se place toujours, pourrait-on dire, sous le signe de cette pensée du poète Keats (cité évidemment par Charles Du Bos) : « *Call the world, if you please, the vale of soul-making* », « la vallée où se forment nos âmes » (lettre du 15 avril 1819). Et c'est aussi qu'il se soumet aussi fidèlement que possible à la succession des jours, non parce qu'elle fournirait, comme dans les *Exercices* d'Ignace de Loyola, ou dans les *Méditations* de Fénelon adaptées au calendrier chrétien, le cadre d'une progression, mais au contraire parce que cette succession est source d'imprévisible, parce qu'elle témoigne à la fois de l'effort des hommes pour imposer leur emprise sur le temps (c'est le sens de l'entreprise de Franklin) et de ce qui leur échappe inévitablement de leur propre nature, inconstante, météorologique, d'une variabilité sans règle.

Un chroniqueur aussi s'intéresse à noter selon le calendrier les faits dont il est le témoin ; c'est que chaque jour apporte du nouveau. Le diariste, lui, guette moins le nouveau que le changeant. La pente de son intérêt, curieusement, est indiquée avec précision dans un passage des *Voyages* d'Arthur Young, personnage curieux, extraverti, mais qui se trouve avoir affaire à une substance aussi variable que l'âme moderne : l'opinion publique. Il écrit au début de son ouvrage (*Voyages en France pendant les années 1787, 1788, 1789 et 1790*, tr. fr. par F. Soulès, Paris, Buisson, 1793 — c'est l'édition que Stendhal a lue en 1810) : « Dans cette crise, il est curieux d'observer les sentiments du moment. Mon projet n'est pas d'écrire des mémoires de ce qui se passe, mais je désire saisir autant que possible l'opinion dominante du jour... » A sa façon, le journal intime observe au quotidien la crise de l'âme moderne. L'« âme » ? Ce terme n'exclut-il pas alors Stendhal ? Pas sûr : au début de *La Vie de Henry Brulard*, effrayé à la pensée de l'énorme quantité de « je » et de « moi » qu'il va lui falloir utiliser dans son récit autobiographique, l'auteur pense à raconter les choses à la troisième personne — « il fit », « il dit » —, mais il ajoute aussitôt : « Oui, mais comment rendre compte des mouvements intérieurs de l'âme ? » Comme son maître Maine de Biran, Stendhal l'irréligieux ne refuse pas de nommer « âme » cette mobilité qu'il sent en lui-même.

Enfin, on pourrait rappeler une évidence : un journal intime a une unité perceptible par le lecteur, il n'est pas une simple collection de feuilles volantes, de notes dispersées. Cette unité n'est pas celle d'une composition (du rapport entre un tout et des parties), ni celle d'une progression ou d'une narration. On pourrait parler de l'unité d'un style ou d'une personnalité, mais ce serait baptiser la difficulté avec des noms obscurs. Introduisant, dans son roman *Les Affinités électives* (1809), le journal de son personnage Ottilie, Goethe nous dit (IIe partie, chapitre 2) que son unité profonde, et même intime, pourrait se comparer à cette caractéristique des câbles de la marine anglaise : qu'un fil rouge leur est intimement incorporé pour signaler leur appartenance à la Couronne, un fil qu'on ne pourrait détacher sans défaire l'unité et la solidité de ces câbles. De même un fil court à travers le journal d'Ottilie, qui unit remarques, considérations, maximes, les appropriant à la rédactrice, les rendant significatives pour elle. Le journal d'Ottilie n'est à vrai dire qu'une ébauche de journal intime (outre que c'en est seulement la fiction littéraire) : mais il permet de comprendre que l'intimité qui attire le diariste et qui le fait écrire chaque jour, c'est aussi ce fil rouge qu'il tresse au plus profond de son écriture, et qui unit ses pages entre elles.

Le mot même d'« intime », on le sait, vient du latin *intimus*, superlatif correspondant au comparatif *interior* : autant dire qu'est intime ce qui est au plus profond, ce qui est plus intérieur que l'intérieur même. Il faut renvoyer ici à saint Augustin. Dans les *Confessions*, rappelant l'époque de sa jeunesse où il subissait l'influence des manichéens, il s'adresse à Dieu, pour lui dire en substance : je te cherchais à l'extérieur de moi-même, *tu autem eras interior intimo meo*, mais toi tu étais plus intérieur à moi que ce que j'ai de plus intérieur (livre III, 11). L'intime fait ici sa première apparition, comme ce lieu étrange de l'individu, retiré et invisible, mais éclairé par une lumière très lointaine.

Mais Augustin ne nous a laissé aucun journal ; et si l'on voulait évoquer les écrivains dont l'œuvre et la pensée ont rendu le journal intime possible, il faudrait citer d'autres noms. Celui de Montaigne, par exemple, dont les *Essais* ont donné le modèle d'une entreprise centrée non seulement sur la pensée spontanée de son auteur, mais sur sa personne même, saisie dans sa dimension la plus quotidienne, la plus privée, la moins surveillée. Celui de Montesquieu ensuite, à cause de ses *Cahiers*, qui présentaient des pensées séparées, et non datées, ne méritant donc pas le titre de journal, mais qui ouvraient à la curiosité publique (quand des extraits en furent publiés en 1941 chez et par Bernard Grasset, dans une édition aujourd'hui fort critiquée) l'intimité de la pensée d'un auteur qui semblait l'avoir ordinairement cachée. On se souvient de ces phrases étonnantes: « Je n'ai jamais vu couler de larmes sans en être attendri », « Je m'éveille le matin avec une joie secrète; je vois la lumière avec une espèce de ravissement. » On devrait penser à Rousseau: toute une partie de son œuvre, en particulier *Les Confessions*, dont l'impudeur renouvelait le genre autobiographique, et *Les Rêveries du promeneur solitaire*, semblait légitimer l'intérêt porté à la part la plus secrète, la plus insaisissable, peut-être la plus inconsistante de la personne. La cinquième Rêverie en particulier, « événement capital de la sensibilité moderne », écrit Charles Du Bos (*Journal I*, p. 338), avec laquelle « commence l'étude de l'homme intérieur à même cet homme même ». « Le monde intérieur avant Rousseau », écrit encore Du Bos, « est un peu comme un musée secret que l'on consulte toutes les fois qu'il est nécessaire, de préférence avec un haussement d'épaules ou une moue désenchantée... mais dont on n'est pas fier... dans lequel on ne baigne pas. »

Toutefois, on aurait plutôt envie d'insister sur un auteur un peu plus discret, qui lui non plus n'a pas tenu de journal, mais dont la pensée anticipe et rend possible le journal intime, dans la mesure où elle conjoint deux éléments qui lui sont inhérents: l'idée que le moi est essentiellement inconsistant et inconstant, et le souci d'inscrire le travail sur soi dans l'ordre des jours. Il s'agit de Fénelon. La plupart des auteurs que nous allons étudier, jusqu'à Delacroix et Stendhal, ont aimé lire Fénelon, quand ce n'était que pour cette fameuse suavité de la phrase que l'on a tant célébrée dans le

Télémaque. On sait d'autre part combien la pensée du prélat, suspecte et même en partie condamnée dans le catholicisme français (c'est la querelle du quiétisme, qui impliquait également Madame Guyon), connut de succès dans une certaine frange du protestantisme européen, et ce jusqu'à la fin du XVIIIe siècle, époque précisément qui voit naître, et surtout en pays protestant, le journal intime.

Citons quelques phrases caractéristiques de l'œuvre de Fénelon (cf. *Œuvres*, tome I, éd. par Jacques Le Brun, coll. « Pléiade », éd. Gallimard 1983). D'abord des pensées que l'on pourrait dire augustiniennes, tant elles rappellent l'expression d'Augustin que nous citions : « Le Saint-Esprit est l'âme de notre âme... Nous comptons comme si nous étions seuls dans ce sanctuaire intérieur [on retrouvera l'expression chez Benjamin Constant] ; et tout au contraire, Dieu y est plus intimement que nous n'y sommes nous-mêmes. » (« De la parole intérieure », *Lettres et opuscules spirituels*, p. 590) « Mon Dieu... vous êtes plus près de nous que nous-mêmes... Dieu... si intimement renfermé dans le fond de mon cœur » (« Pléiade », p. 703). Et ces comparaisons que Georges Poulet a relevées (dans ses *Etudes sur le temps humain*, IV, « Mesure de l'instant ») entre l'âme dans son inconsistance acceptée et même voulue, et l'eau « pure et claire » qui « n'est d'aucune couleur ni d'aucune figure : elle est toujours de la couleur et de la figure que lui donne le vase qui la contient ».

Mais plus encore que ces superbes phrases, dont nous retrouverons l'écho, nous frappe l'insistance de Fénelon sur le bon « usage du temps », sur la nécessité d'« acheter l'éternité par le bon emploi du temps ; mais pour cela il faut racheter le temps même, comme dit saint Paul » (« Pléiade », p. 800). Fénelon met à profit son rôle de directeur spirituel pour demander à ceux qui le lisent et le suivent de se fixer des règles et des emplois du temps, de christianiser le temps de leur vie comme le font les communautés régulières, mais dans le cadre d'une vie privée et en quelque sorte laïque. « Les gens qui sont dans des emplois considérables ont tant de devoirs indispensables à remplir qu'il ne leur reste guère de temps pour être avec Dieu, à moins qu'ils ne soient bien appliqués à ménager leur temps » (p. 927). Et l'on rappellera que l'œuvre spirituelle de Fénelon a été diffusée souvent, non pas sous sa forme originale de sermons, de lettres ou d'entretiens, mais ordonnée selon les fêtes du calendrier chrétien, ou en « prières du matin et du soir », par exemple, et donc (avec l'accord de Fénelon lui-même) comme des guides pour un bon usage du temps de la vie intérieure. On peut considérer que le journal intime est une sorte d'étape ultérieure sur la voie de la privatisation, et de la laïcisation, du travail spirituel sur soi.

AVANT-COURRIERS

Samuel Pepys, Giacomo Casanova

Disons deux mots du Journal de Samuel Pepys, document d'une si grande vivacité, mais qui ne peut compter parmi les journaux intimes. Ce journal fut tenu à Londres par un haut fonctionnaire de l'Amirauté britannique du ler janvier 1660 au 31 mai 1669, date à laquelle l'auteur annonce (s'annonce à lui-même) sa décision de cesser de l'écrire, en ces termes : « Ainsi finit sans doute tout ce que je pourrai jamais écrire moi-même dans mon journal, car je suis incapable de le faire : depuis longtemps déjà je pense perdre la vue chaque fois que je prends la plume. Quoi qu'il advienne, il me faut m'abstenir. Dorénavant, je ferai tenir mon journal par les miens en langage clair et je devrai me résigner à n'y rien noter qui ne puisse être connu d'eux et de tout le monde » (tr. de R. Villoteau, Mercure de France, 1985, p. 393-394).

C'est qu'en effet Samuel Pepys usait d'un système de sténographie codée, compliqué par l'emploi de termes étrangers (espagnols, français, etc.) qui lui assurent un certain secret. Le journal ne fut d'ailleurs pas déchiffré avant 1822, et une première édition partielle parut en 1825. Il est d'une extraordinaire franchise et il témoigne de la grande vitalité de son auteur, avide de plaisirs, d'argent, de travail, goûtant pleinement la vie, et qui en quelque sorte juge que son exceptionnelle aptitude à vivre mérite un enregistrement honnête, qui ne peut se faire que par ce journal clandestin. En le tenant, même dans un langage crypté, Pepys le donne à l'humanité, fût-ce de façon détournée ou obscure. Cependant, ce journal n'est nullement un journal intime. Jean-Louis Curtis dit très bien dans sa préface : « Pepys n'était pas animé par le désir de se connaître, de découvrir sa vérité. Ce souci ne l'a jamais effleuré. Le journal ne comporte pas de morceaux d'introspection morale, d'auto-analyse. Il décrit ce que l'auteur voit et accomplit, non point ce qu'il est » (p. 4-5). Nous lui disons donc adieu, avec regret, car c'est une très grande œuvre : non seulement elle porte un témoignage, précieux parce que candide, sur Londres après Cromwell (un Londres qui veut se débarrasser de l'influence puritaine), mais elle témoigne paradoxalement sur la vie intérieure de son auteur, sur son âme. Pepys ne veut rien en dire (il s'en remet une fois pour toutes à la religion pour prendre soin de cette partie de lui-même) et pourtant il en dit beaucoup en nous décrivant cette vie d'un homme tout entier tourné vers l'extérieur, vers les plaisirs, vers les souffrances physiques, brûlant de curiosité et de convoitise, capable de faire preuve quotidiennement de dissimulation (envers sa femme, par exemple) et épris d'une vérité qu'il estime se devoir et devoir à l'humanité en lui. A certains égards Pepys est grossier, brutal, cynique même. Il n'est pourtant pas totalement étranger à l'univers raffiné, quelquefois chlorotique ou compassé, des rédacteurs de journaux intimes. Comme eux, il a le souci de la vérité à laquelle son âme a droit. En le lisant, comme en lisant les *Mémoires* de Casanova, autre grand extraverti, autre grand chasseur de plaisirs, on accède, quoique par des chemins détournés, à la figure énigmatique d'une âme. On rappellera à ce propos que Giacomo Girolamo Casanova (1725-1798) est un grand écrivain français, puisque c'est dans cette langue que furent rédigés, entre 1789 et sa mort, ses *Mémoires,* autrement nommés (par lui) *Histoire de ma vie.* Ils parurent à partir de 1822, dans un texte profondément révisé (et censuré) par Jean Laforgue, professeur de littérature française à Dresde. Le manuscrit de Casanova lui-même n'a été publié intégralement pour la première fois, par Brockhaus et Plon, qu'en 1960-1962. Même si ces *Mémoires* n'appartiennent évidemment pas à l'histoire du journal intime tel que nous le définissons, on ne peut manquer d'être sensible à deux faits, vraisemblablement liés : Casanova commence à les écrire précisément au moment où, sous la plume de Maine de Biran, de Benjamin Constant ou de Stendhal, s'invente ce genre moderne ; les *Mémoires* de Casanova sont une œuvre profondément originale en ce que y « prend place pour la première fois l'individu non historique *en tant que non historique* » (René Démoris, Introduction à l'édition Garnier-Flammarion des *Mémoires*). Ils représentent la première autobiographie de l'homme moyen (d'un homme qui n'est exceptionnel que pour ses lecteurs, qui ont pu apprécier ses qualités, et en particulier ses qualités d'écrivain).

Lavater

L'un des précurseurs du journal intime moderne (nous quittons là pour quelques instants le domaine français auquel nous nous sommes limités) est, sans doute, le Suisse Johann Kaspar Lavater (1741-1801). Lavater est et fut surtout connu pour ses quatre volumes de *Fragments de Physiognomonie*, éléments d'une science un peu absurde qui fascina beaucoup de bons esprits, et selon laquelle les aptitudes mentales d'un individu étaient lisibles dans sa conformation physique. Mais il était aussi et avant tout un esprit profondément religieux, soucieux de perfectionner son âme et de cultiver une amitié chaleureuse et édifiante (il était pasteur). En 1771, il publie chez un éditeur de Leipzig un *Journal intime (Geheimes Tagebuch) d'un observateur de soi-même*. Cette première publication avait en fait été préparée par le prédicateur de Saint-Gall, J. Zollikofer, qui, chargé de cette édition à la demande de l'auteur, avait modifié et censuré le texte du manuscrit de Lavater. Ce dernier décida alors une seconde publication, pour donner une continuation plus authentique ou moins soupçonnable. Il s'agissait des *Fragments non modifiés du Journal d'un observateur de soi-même, ou seconde partie du Journal*, parus en 1773 (ce volume, accompagné d'une partie du premier, a été republié en fac-similé par C. Siegrist chez Haupt, Berne et Stuttgart, 1978). Remarquons que cette publication, qui dans notre histoire devrait jouer le rôle d'une première (ce n'est pas la seule que nous rencontrerons !), a cette caractéristique d'avoir été décidée par l'auteur du journal intime, d'être accomplie de son vivant (et même très peu d'années après la rédaction : on le voit, André Gide ou Claude Mauriac avaient un précurseur), et surtout de brouiller la distinction privé/public sur laquelle repose le concept même de journal intime.

Quelques années plus tard, Lavater prit l'habitude de faire circuler parmi ses amis des textes de lui, dans le cadre d'une « Bibliothèque maniable (*Handbibliothek*) pour amis », anticipant ainsi la pratique, née parmi les opposants des régimes totalitaires, d'un « samizdat », d'une auto-édition, ou instituant plutôt (car dans le cas de Lavater il ne s'agissait évidemment pas d'une clandestinité d'opposition) un espace collectif intime. La publication de 1771 consistait en quelque sorte à tenter d'étendre cet espace collectif, à inclure parmi les « frères » des frères inconnus et à faire naître parmi eux le goût de l'intime, de ce qui n'est pas altéré. Après la parution du premier volume, donnant un texte censuré, un critique écrivait dans un journal qu'il eût été du devoir de Lavater de « signaler avec précision ce qui était vraiment de lui, et ce qui ne l'était pas ». La seconde publication répond justement à cette demande.

Le premier journal ne couvrait qu'un mois (janvier 1769) ; le second près d'une demi-année, très irrégulièrement, à partir de novembre 1772. C'est un texte étrange, déclaratif dans sa plus grande part et même exhortatif ou édifiant : aussi bien est-il écrit et publié (deux actes qu'il semble difficile de séparer) autant pour édifier les autres, ses lecteurs, que pour aider son rédacteur à surveiller l'évolution de sa vie spirituelle. S'enchaînent prières, méditations, vers pieux, extraits de lectures (odes de Klopstock par exemple), lettres à des parents ou à des proches, et notations concernant la vie privée (dont celle-ci, caractéristique de la spécularité à laquelle est voué tout journal intime : « J'écrivis dans mon journal... »). Pour l'essentiel, on se trouve là dans le domaine du journal spirituel, un des instruments de l'amélioration de soi inventés par le christianisme (que l'on pense au *Journal spirituel* d'Ignace de Loyola, ou à ses fameux *Exercices*), dans lesquels l'auto-observation est subordonnée à la dévotion, à la prière, aux « exercices », justement. Ainsi les récits de rêves, l'évocation des moments de doute ou de chagrin, donnent-ils à Lavater l'occasion de prendre de fermes résolutions, d'adresser à Dieu ou à Jésus de ferventes prières qu'il reproduit comme autant de modèles ou de sources d'inspiration pour ses lecteurs, ses nouveaux « amis ». Amiel le dit justement, quand il termine en janvier 1853 (la première traduction en français du *Journal* de Lavater parut à Neuchâtel en 1843, suivie d'une réédition précisément à Genève en 1853) sa lecture du premier *Journal* de Lavater : « Chaque journal intime exprime la tendance essentielle de celui qui l'écrit... Pour Byron, son journal, ce sont des mémoires ; pour Goethe ou Baader, ce sont des carnets d'étude ; pour Lavater, c'est un confessionnal et un oratoire » (*Journal*, t. II, p. 407).

Pourtant, une tonalité nouvelle se fait parfois entendre, par exemple dans la mélancolie qui saisit le rédacteur au tournant de l'année nouvelle : « inexplicable frémissement de mélancolie à la pensée d'une année perdue... » Pas d'abréviations, une narration continue, les temps du passé, et non ce présent quotidiennement renouvelé qui est, nous semble-t-il, la marque temporelle du journal intime. Encore faut-il noter que nous parlons là des journaux imprimés, négligeant les manuscrits, pas encore complètement publiés à l'heure actuelle. Néanmoins, la seconde publication comportant le texte non expurgé du manuscrit de Lavater, comme il s'y engage par son titre, exhibe des passages rédigés en une écriture secrète, qui visiblement ne put être déchiffrée au XVIIIe siècle. Les éditeurs contemporains, avec l'aide de décrypteurs professionnels, y sont parvenus pour l'essentiel. Leurs découvertes permettent de conclure 1°) qu'il s'agissait bien d'une écriture, voire de plusieurs écritures différentes, et non d'une supercherie, d'une fausse écriture secrète, renforçant l'effet d'authenticité de son texte : Lavater était un chrétien sincère, il dissimulait mais il ne mentait pas ; 2°) que les secrets dissimulés concernaient pour l'essentiel les convictions religieuses de l'auteur, ou des incidents sexuels. Exemples : « Je devins athée » (temporairement, bien sûr : 13 mars 1773) ; « La poitrine inopinément dénudée d'une servante me troubla un peu, mais je me remis vite » (15 janvier 1773).

Le plus passionnant est de penser à ces lignes illisibles par les lecteurs, mais qui devaient les persuader qu'ils regardaient bien le journal secret de Lavater. Un journal qui parvient, tout en étant ostentatoire et démonstratif, à garder son intimité là même où elle s'exhibe. Le journal de Lavater est *geheim* : à la fois secret et simplement privé, personnel. Vient un moment où le trésor secret se communique, en tant que secret.

Longtemps favorable à la Révolution française, Lavater finit par se révolter contre ce qu'elle lui sembla inspirer comme despotisme. Pendant l'occupation française de Zurich, il est arrêté et déporté à Bâle ; de retour à Zurich, il est blessé d'une balle par un soldat français ; il mourra après plus d'un an de souffrances. Ses rapports avec la France révolutionnaire ne sont pas qu'anecdotiques : ils touchent de près à notre sujet. Lavater était en relations épistolaires avec Hérault de Séchelles, membre du Comité de salut public, qui lui écrit le 30 août 1793, an II, pour lui envoyer un exemplaire de la Constitution qu'il se targue d'avoir rédigée avec Couthon et Saint-Just, et pour lui recommander un des agents envoyés par le Comité afin de se concilier les bonnes volontés suisses. Lavater lui répond, en français, par une longue lettre très franche, indignée contre le despotisme des jacobins masqué hypocritement sous le nom de liberté. Il ajoute : « A ce moment même on vient de me dire qu'à Strasbourg, personne n'ose sceller une lettre sans l'avoir fait lire à la Municipalité, et que c'est elle qui scelle toutes les lettres. J'ignore si cela est ; je n'en crois rien ; mais si l'impossible était possible, et si la chose la plus incroyable se trouvait vraie par hasard, je rougirais non seulement d'être contemporain de ces monstres de liberté, je rougirais d'être appelé *homme*. »[(*)]

Il n'est pas indifférent que Lavater réagisse avec tant de violence contre un pouvoir qui prétend s'arroger un droit de regard non seulement sur la vie privée, individuelle, de chacun, mais encore sur ses relations d'amitié ou de privauté avec d'autres hommes. En fait, pour Lavater, les deux sont indissociables : l'intime du journal intime, en effet, concerne moins l'individu dans sa solitude qu'un individu relié à d'autres individus de son choix. Il le dit dans la suite de sa lettre : « Vous voulez détruire le despotisme et introduire la liberté par la tyrannie ; moi, j'introduis au moins cette liberté dans mon petit cercle, dans ma paroisse, et dans ma maison... » Pour lui comme pour Maine de Biran, la Terreur aura au moins servi de révélateur.

(*) Hérault de Séchelles, *Œuvres littéraires et politiques*, édité par Hubert Juin, éd. Rencontre, 1970, p. 295-296. Ce texte m'a été signalé par Miguel Abensour.

NAISSANCE DU GENRE

Maine de Biran

« Notre existence est successive et ne peut être conçue autrement »
(t. III, p. 219).

Maine de Biran est sans doute, parmi les écrivains connus, le premier à avoir tenu un journal intime qui nous soit parvenu[(*)] et qui nous intéresse encore aujourd'hui. En effet, le plus ancien de ses journaux, traditionnellement nommé le « Vieux Cahier », date de 1794 (il figure au tome III de l'édition Gouhier). François Pierre Gonthier (surnommé Maine) de Biran (Bergerac 1766 — Paris 1824), garde du corps du roi en 1785, se retire, sous la Terreur, dans sa campagne de Dordogne. Il mène ensuite parallèlement une œuvre de philosophe (*L'Influence de l'habitude sur la faculté de penser ; Mémoire sur les perceptions obscures ; Mémoire sur la décomposition de la pensée* : tels sont les titres, fort alléchants d'ailleurs, de ses essais) et une carrière politique : membre

(*) *Journal*, édition intégrale par Henri Gouhier, La Baconnière, coll. "Etre et Penser", Cahiers de philosophie, Neuchâtel. Tome I (février 1814-décembre 1816), 1954. Tome II (1er janvier 1817-17 mai 1824), 1955. Tome III (Agendas, Carnets et Notes), 1957.

du Conseil général de la Dordogne, sous le Consulat, sous-préfet en 1806 ; la Légion d'honneur en 1810 (officier en 1814) ; plusieurs fois élu (au suffrage très censitaire) député de la Dordogne entre 1810 et sa mort. Maine de Biran, sans être un extrémiste (il fut battu par les ultra-royalistes aux élections de 1816), n'était pas non plus un libéral en politique. « *La souveraineté réside dans le peuple : il est la seule source légitime du pouvoir.* Principe anarchique et révolutionnaire, source de tous les maux de la France depuis 25 ans... » (avril 1815, *Journal,* tome I, p. 53).

Sous la Restauration, au moment du débat au sujet de la loi sur la presse qui devait soumettre les journaux à un cautionnement, Maine de Biran défend une position inverse de celle de Benjamin Constant, autre fondateur du genre. Là où Constant défend une liberté absolue, Maine de Biran argue que la presse n'est pas une activité de publication comme une autre, que les directeurs de journaux, en vertu de la responsabilité particulière qui pèse sur eux à cause de leur influence sur l'opinion publique, ne doivent pas jouir d'une liberté absolue. Premier indice, peut-être, d'une différence d'inspiration que l'on serait tenté de retrouver dans la différence entre les journaux intimes, voire la littérature intime, d'inspiration protestante (Agrippa d'Aubigné, Rousseau, Constant, Amiel, et bien sûr André Gide), et les journaux d'inspiration catholique (Maine de Biran, Maurice de Guérin, Baudelaire, Jacques Rivière ou Charles Du Bos) ; les seconds, dirait-on alors, plaçant leurs écrits sous le regard d'un Dieu plus perspicace, plus omnivoyant, et donc sous une lumière plus radiographique, alors que les premiers ressentiraient plus volontiers la charge qui leur incombe de faire venir sous une lumière neutre, et sans l'adultérer, l'inconsistance trouble de leur moi. En réalité, cette distinction, quand bien même elle serait soutenable telle quelle, devrait être fortement estompée dès lors qu'on prend conscience de l'interpénétration qui s'est produite, en particulier à la fin du XVIIIe siècle (c'est-à-dire au moment même de la naissance du journal intime), entre ces deux courants religieux. C'est dans des milieux protestants fortement hétérodoxes (les piétistes, ces fameux *Schwärmer* ou exaltés contre lesquels Kant met en garde ses lecteurs) qu'a été diffusée la pensée de Fénelon, comme celle de Madame Guyon, ces deux penseurs catholiques devenus suspects dans leur Eglise. Ainsi a été mise en commun entre les Eglises l'influence de saint Augustin, maître éternel des écrits intimes, comme s'est diffusée l'habitude de certains exercices spirituels exigeants dont le destin, dans la littérature profane, est devenu indépendant de leur inspiration religieuse première.

On doit noter par ailleurs qu'existe entre Maine de Biran et Amiel, entre le catholique français et le protestant genevois, un lien étroit, même s'il paraît de prime abord anecdotique (mais quand il s'agit de l'histoire des journaux intimes, histoire nécessairement secrète et invisible, les liens de ce type ne sont pas négligeables) : il est fourni par Ernest Naville, qui fut l'un des premiers éditeurs des journaux intimes de Maine de Biran, et fut aussi l'un des proches d'Amiel. Théologien et philosophe, titulaire avant Amiel de la chaire d'histoire de la philosophie à l'Académie de Genève, Ernest Naville (1816-1909), très souvent mentionné dans le *Journal* d'Amiel, contribua justement à faire connaître à ce dernier la pensée de Maine de Biran (cf. le *Journal* d'Amiel, éd. L'Age d'Homme, tome I, p. 1117-1118, notation du 29 novembre 1851) : « Ce soir l'article de Naville sur Maine de Biran... c'est une connaissance de plus, un intérieur spirituel ouvert. J'ai retrouvé en moi pour lui parenté et sympathie ; mais sans pouvoir m'empêcher de trouver son horizon singulièrement circonscrit, sa carrière bornée, sa vie assez pauvre... Il est utile, important, comme observateur de la conscience, mais il ne s'élève pas au-delà de la psychologie. » Ce jugement en deux temps ne manque pas de justesse.

Plus tard, en 1857, c'est Naville encore qui devait permettre à Amiel de lire le *Journal intime* de Maine de Biran, partiellement publié sous le titre *Maine de Biran, sa vie et ses pensées, publiées par E. Naville* (cf. le *Journal* d'Amiel des 17 et 11 juin 1857, tome III, p. 379-383). « Je viens de suivre Maine de Biran, de sa 28e à sa 48e année [donc de 1794 à 1814] par le moyen de son *Journal intime*, et une foule de pensées directes, personnelles, comparatives ou scientifiques m'ont assailli successivement... Rien n'est mélancolique et lassant comme ce *Journal* de Maine de Biran. C'est la marche de l'écureuil en cage. Cette invariable monotonie de la réflexion qui recommence sans fin énerve et décourage comme la pirouette interminable des derviches » (p. 382). Ces réflexions sévères sont aussi pleines de mélancolie, tant Amiel se reconnaît en Maine de Biran ; et c'est en pensant explicitement au destin littéraire de ce dernier qu'il réfléchira en 1864 à ce qui pourrait advenir de ses propres écrits : « ... du moins ces six mille pages... seront un témoignage de ma vie cachée, et fourniront les lignes d'un portrait individuel. Quelque ami d'élite... en pourrait peut-être sortir un livre, comme on l'a fait pour Baader, Maine de Biran, Eugénie de Guérin, etc. » (tome V, notation du 19 octobre 1864, p. 643). On le voit, il n'ose pas en ce point songer à une publication intégrale, qui d'ailleurs n'a pas commencé à être réalisée avant 1976. Mais nous reviendrons à Amiel. Il nous importait pour l'instant de noter cette communication, par-delà la mort et les frontières, entre les deux diaristes.

Le germe de la naissance du genre, chez Maine de Biran (puisque ce genre, par sa nature, naît indépendamment chez divers écrivains), est à trouver dans l'œuvre de Rousseau. Dans *Les Confessions* (livre IX), Rousseau évoque le projet non accompli de ce qu'il aurait nommé *La Morale sensitive, ou le Matérialisme du sage*. Il se serait agi d'un livre « vraiment utile aux hommes », qui aurait mis en relation les variations des hommes, « dans le cours de leur vie souvent dissemblables à eux-mêmes », et les circonstances physiques qui les expliquent[*], et ceci non sous la forme d'un journal tenu jour après jour, mais sans doute sous celle d'un traité tirant la conséquence de nombre d'observations. « Les climats, les saisons, les couleurs, l'obscurité, la lumière, les éléments, les aliments, le bruit, le silence, le mouvement, le repos, tout agit sur notre machine, et sur notre âme... »

Reste que Maine de Biran, s'il note la trace de ses observations, pour exécuter le programme de Rousseau, se concentre surtout sur des observations portant parallèlement sur ses états d'âme et sur le temps qu'il fait. Il réduit le système général de causalité évoqué par Rousseau à une conception météorologique de l'âme. Il semble même souvent prendre exagérément au sérieux ses propres idées sur la question et se laisse aller à disserter : « Il y a sûrement une influence de la saison de la canicule sur mes facultés organiques, intellectuelles et morales. Je me trouve toujours, sous ces trois rapports, au-dessous de ma valeur ordinaire : pendant les trois ou quatre mois d'été, une grande mobilité nerveuse... » (*Journal*, été 1814, tome I, p. 13). Ou bien : « Du 4 au 11 septembre. — La température a été fraîche, les nuits froides. Mon organisation physique et morale prend un peu de ressort ; je suis moins affaissé, je recommence à vivre et à penser ; j'ai le sentiment intime de cette sorte de renaissance » (*ibid.*, p.16). Et encore, pour en finir (car on en citerait des pages et des pages) : « Du 12 au 19 décembre. — La température est toujours douce comme au printemps ; le thermomètre est de 10, 12 et jusqu'à 13° ; il y a des amandiers en fleur ; le ciel a été beau certains jours, comme celui de mai. Ce temps extraordinaire est défavorable à ma santé physique et morale... » (p. 31)

---

[*] Pascal anticipe génialement sur ces élucubrations, et les pulvérise : "Le temps et mon humeur ont peu de liaison ; j'ai mes brouillards et mon beau temps au-dedans de moi..." (Brunschvicg fgt 107 ; je dois cette référence à Claude Habib).

Cette mention du thermomètre fait elle aussi, à vrai dire, penser à Rousseau, lorsque dans la première promenade des *Rêveries du promeneur solitaire* il trace le programme de ce qui semble alors devoir en effet constituer le premier journal intime de notre littérature (mais on sait que les *Rêveries* sont tout autre chose) : « Ces feuilles ne seront proprement qu'un informe journal de mes rêveries... il en résultera toujours une nouvelle connaissance de mon naturel et de mon humeur par celle des sentiments et des pensées dont mon esprit fait sa pâture journalière dans l'étrange état où je suis... Je ferai sur moi-même à quelque égard les opérations que font les physiciens sur l'air pour en connaître l'état journalier. J'appliquerai le baromètre à mon âme, et ces opérations bien dirigées et longtemps répétées me pourraient fournir des résultats aussi sûrs que les leurs. » Mais, si l'on néglige cette pseudo-science, cette confiance sans doute excessive en des instruments de mesure (dont les Français du XIXe se sont sans nul doute entichés), on ne peut qu'être frappé chez Maine de Biran par les descriptions d'une âme en effet peuplée, selon ses propres termes, de « brouillards » et de « nuages ». En définitive, on voit les différences nettes entre trois attitudes : étudier les rapports entre les circonstances, en particulier atmosphériques, et l'état de l'âme ; considérer l'humeur psychique, à l'instar de l'air, comme une substance dont un instrument adéquat, un « baromètre », pourrait enregistrer les variations ; considérer l'âme comme atmosphérique, nuageuse, « nordique » en quelque sorte.

Plus intéressant cependant est l'apprentissage que fait Maine de Biran, au long de trente années d'écriture, des possibilités d'un genre qui s'invente sous sa plume, dans le secret de sa solitude d'écrivain. On le voit en effet, dans son « Vieux Journal » de 1794, faire preuve d'inexpérience, de raideur. Au lieu de parler franchement et directement à son journal (comme le fait si aisément Maurice de Guérin, qui y voit l'ami qu'il n'a pas trouvé parmi les humains), Maine de Biran, gêné comme la première fois qu'on a à parler devant un magnétophone, lance une parole trop forte, qui se justifie trop, comme si des lecteurs cachés demandaient qu'il les apostrophe. « 25 décembre 1794. — Je suis seul, près de mon feu, retenu dans ma chambre par un froid très piquant survenu dans la nuit avec une telle promptitude que le thermomètre [encore lui !] est descendu tout à coup du huitième degré au-dessus de zéro au septième au-dessous... Puisque je n'ai rien de mieux à faire, que je suis incapable en ce moment de me livrer à aucune étude suivie, il faut que je m'amuse à réfléchir sur ma position... » (tome III, p. 9). Moment émouvant — c'est l'époque où Camille Desmoulins, en rédigeant les numéros du *Vieux Cordelier*, tente de freiner l'élan de la Terreur — où Maine de Biran invente un monde nouveau, avec le sentiment aigu de vivre à la mauvaise époque. « Je suis né mal à propos et dans un mauvais siècle », notera-t-il en 1816 (sous le coup d'une défaite électorale), et plus précisément encore : « J'étais né pour vivre dans ces temps heureux de la monarchie, où Malebranche, Arnauld, Leibniz, Pascal, etc., donnaient tant d'exercice aux facultés méditatives... » (26 janvier 1816, tome I, p. 102). Ce qu'il invente par là même, c'est précisément ce par quoi le journal intime se distingue du journal tout court. L'un et l'autre notent avidement et avec précision des repères dans le calendrier, mais le journal intime, lui, cherche à enregistrer un décalage par rapport au temps social et historique. Un temps intérieur se donne champ, qui n'est ni social, ni même météorologique. « Ici, le temps, pour moi, tombe goutte à goutte et n'interrompt par aucun bruit la méditation solitaire » (*ibid.*, p. 70).

Le journal intime ne s'inscrit pas hors du temps, bien au contraire, mais il fait de cette substance un usage qui lui est propre. Il donne à la conscience un instrument de mesure de cette distance qui la sépare d'elle-même, et qu'elle constate chaque fois que le diariste accomplit l'opération qui fait de lui un véritable diariste : lorsqu'il se relit après un certain temps. C'est alors que, ne se reconnaissant pas, il comprend qu'il est pourtant cet autre, séparé de lui-même par le temps, relié à lui-même par son langage.

Le calendrier, dans le journal intime, permet donc de pratiquer un certain usage des anniversaires, une certaine scansion du temps pour soi. « 27 décembre [1817]. — Je reprends aujourd'hui mon livre journal interrompu pendant un mois... » (tome II, p. 97). Ou : « 24 avril [1819]. — En consultant mon journal de l'an dernier à pareille époque de l'année, je trouve que j'étais disposé aussi mal au physique et au moral que je le suis actuellement » (*ibid.*, p. 221). Bien évidemment, dans cette dernière notation, ce qui intéresse le plus le diariste (et le lecteur), c'est le retour anniversaire sur soi, c'est l'épreuve d'une variabilité à travers une permanence, ou plutôt c'est de constater que la variabilité de l'âme n'est pas infinie, qu'elle se déploie à l'intérieur d'un cycle qui est, au fond, celui des saisons de l'âme, parallèles aux saisons de l'année. Le temps historique lui-même est utilisé et comme privatisé : « J'ai repris mon livre journal aujourd'hui pour y noter la mort de M. le duc de Berry, fils de France, assassiné le dimanche 13 février à onze heures et demie du soir, en sortant de l'Opéra avec son épouse qui a été couverte de sang... » (14 février 1820, *ibid.*, p. 263). L'événement public, qui blesse et scandalise le royaliste, est néanmoins transformé en une étape de sa vie intérieure (et de sa vie d'écrivain). L'assassinat du duc de Berry, c'est l'événement public qui sert d'index à un événement intérieur : Maine de Biran renoue avec son journal. C'est dans des notations de ce genre que l'on saisit le prodigieux, et quasi invisible, renversement de perspectives qui donne naissance à l'homme moyen moderne, héros de notre histoire.

De plus, ce qui constitue le centre de cette vie intérieure, ce n'est justement rien, ou plus proprement c'est le rien intérieur, par exemple le sentiment qu'a Maine de Biran de sa propre nullité, sentiment que la rédaction du journal intime met au premier plan et sans doute renforce. Décidant périodiquement et provisoirement de s'éloigner des affaires publiques, il « aspire à redevenir *moi* en rentrant dans la vie privée et de famille. Jusque-là je serai au-dessous de moi-même, je ne serai *rien* » (août 1814, t. I, p. 16). Ce projet (qui reprend le stéréotype de l'homme public accablé par ses fonctions et aspirant au repos) connaît souvent le succès : « C'est dans le cabinet et en présence de *moi-même* que je suis le moins distrait ou somnambuliste » (t. II, p. 21). Mais ce qu'il découvre dans la vie privée et dans la vie intime à l'intérieur de la vie privée, c'est plus souvent l'inconsistance : « 7 mai [1816]. — J'éprouve un grand vide dans toute mon existence ; je suis désheuré(*), je manque de point d'appui, d'occupation fixe » (t. I, p. 125). Il lui arrive d'en accuser évidemment les saisons : « ... cette disposition nerveuse, assez habituelle chaque printemps, qui ne me laisse la faculté de me fixer à rien... » (*ibid.*, p. 74) ; il lui arrive aussi d'avoir à constater une inexistence sans autre raison visible (« Avril 1821. — Nullité complète, absorption du moi depuis la fin de mars jusqu'au 20 avril ; lecture de Massillon ; tendance religieuse sans effet » (t. II, p. 316), qu'une exténuation de sa vitalité (« Février 1821. — Les interruptions fréquentes de mon journal à cette époque de ma vie sont un signe que je me désintéresse de tout et de *moi-même* à mesure que j'avance », p. 308). Etrange démultiplication, notera-t-on au passage, qui le conduit à s'intéresser à son désintérêt à l'égard de lui-même.

(*) Désheuré : qui est hors de ses heures habituelles (Littré). « J'ai observé qu'à Paris, dans les émotions populaires, les plus échauffés ne veulent pas ce qu'ils appellent se désheurer » (cardinal de Retz). On pourrait dire que le voyageur contemporain, en proie au décalage horaire après un trajet en avion supersonique, se trouve désheuré.

C'est que le *Journal* est le lieu d'un dur combat entre l'amour de soi qui anime Maine de Biran, le pousse à se regarder vivre et penser, et la dévotion quiétiste, fénelonienne, par laquelle il se sent de plus en plus attiré et terrifié. « Mars 1820. — O mon Dieu, s'écrie Fénelon, que votre esprit devienne le mien et que le mien soit détruit à jamais » (tome II, p. 265). Une telle maxime, Maine de Biran ne peut pas vouloir la faire totalement sienne, lui qui depuis toujours cherche en lui-même une consistance qui lui soit propre : « Aucun autre homme ne s'est vu ou ne s'est regardé passer comme moi... Dès l'enfance, je me souviens très bien que je m'étonnais de me sentir exister et que j'étais déjà porté comme par instinct à me regarder en dedans pour savoir comment je pourrais vivre et être moi » (*ibid.*, p. 399). C'est à l'époque où il lit le plus assidûment Fénelon, comme sous l'effet d'une sorte de culpabilité, qu'il note aussi, douloureusement : « La manière la plus pénible de mourir à soi-même, c'est de mourir à tout ce qui est le plus *intime* [c'est évidemment lui qui souligne], à ces facultés dont l'exercice peut nous consoler de tout... » (*ibid.*, p. 153).

Quelquefois, la contradiction éclate, elle est simplement posée : « Dans mes meilleures dispositions j'ai été jusqu'ici seul avec moi-même. *Pauvre conseil où Dieu n'est pas*, dit Fénelon » (t. II, p. 197). Finalement, s'il trouve un accord profond avec le christianisme, c'est surtout au sens où cette religion dénonce inlassablement la complaisance à soi, l'analyse et donc renforce l'analyse que Maine de Biran fait lui-même ; ainsi quand il s'appuie sur Pascal pour analyser la rédaction du journal intime lui-même : « Lorsque je m'aimais moi-même... j'étais toujours dans cette disposition vaniteuse dont parle Pascal [fgt. Brunschvicg 150] et pouvais dire : *moi* qui *écris* ces pages obscures et secrètes, j'ai peut-être au fonds [*sic*] l'envie de plaire à d'autres ou à moi-même et si d'autres me lisent ils auront peut-être la même *envie* » (t. II, p. 308). Soit dit en passant, on peut opposer ce passage à tous ceux qui tiennent qu'un journal intime est écrit rigoureusement pour soi, en particulier à M. Henri Gouhier quand il dit un peu imprudemment (introduction au tome I, p. XXII) : « Rien ne permet de supposer que Maine de Biran ait envisagé une publication, même posthume, des « cahiers de souvenirs » ; sans aucun doute, jamais l'idée n'effleura son esprit que l'on pourrait un jour ramasser les miettes de ses agendas. »

Mais Maine de Biran, en dépit de ses efforts, cherche moins à s'améliorer qu'à s'observer. Il a par moments l'ambition enfantine d'être un explorateur : « Qui sait ce que peut la réflexion concentrée et s'il n'y a pas un nouveau monde *intérieur* qui pourra être découvert un jour par quelque *Colomb métaphysicien* ? » (t. I, p. 176). Ce qu'il découvre en lui-même n'est ni la pureté de l'âme, ni sa turpitude, c'est sa médiocrité, et la façon dont il s'y empêtre en la décrivant n'est pas exempte d'une étrange candeur, ainsi quand il raconte comment, sollicité pour une quête en faveur des pauvres par la duchesse de Rohan à Barèges, il ne donne que six francs, « croyant que ce serait là le taux commun des baigneurs aisés... Mais la duchesse m'a cité des personnes, qui lui avaient donné un ou deux louis. Cette parole m'a bouleversé, et j'ai éprouvé à l'instant une agitation d'esprit et un regret aussi vif que si j'avais commis la plus mauvaise et la plus déshonorante de toutes les actions » (t. I, p. 186-187). Aucun humour, même pas comme chez Rousseau la joie ou le soulagement de se confesser, mais un énorme conformisme, dont on ne sait si l'effort pour le noter l'aggrave ou l'atténue. On se demande presque, à lire de tels passages, s'ils ne sont pas écrits, involontairement, pour illustrer la « misère de l'homme sans Dieu »

Maine de Biran est néanmoins, dans ce domaine, un incontestable fondateur. D'abord parce qu'il a une conception de l'intime qui fonde et justifie l'intérêt porté par les écrivains et par leurs lecteurs au journal intime. Charles Du

Bos (*Journal*, t. III [1926-7], Corrêa, p. 165) cite, d'après Jean Baruzi, une note remarquable de Maine de Biran, tirée du *Mémoire sur les perceptions obscures* (p. 21 de l'éd. Tisserand) : « Chaque individu se distingue d'un autre de son espèce par la manière fondamentale dont il *sent* sa vie, et par suite, dont il sent, je ne dis pas dont il juge les rapports avec les autres êtres, en tant qu'ils peuvent favoriser ou menacer leur existence. La différence à cet égard est peut-être plus forte encore que celle qui a lieu entre les traits de la figure ou la conformation extérieure du corps. De là vient l'impossibilité où chacun se trouve de *connaître* à fond ce qu'est un de ses semblables comme vivant et sentant et de manifester ce qu'il est lui-même ; [mot illisible] il sent ses rapports. Les *idées* seules se ressemblent et peuvent se communiquer avec les sentiments qui y sont joints ; ce qui est dans la sphère de l'animalité est inconnaissable. »

« Sentir sa vie », commente Du Bos (p. 166), « c'est toucher le fond de ce qu'il y a de plus solitaire dans l'être humain » ; Du Bos qui préfère Maine de Biran à Amiel et à son « morne camaïeu toujours comme évidé ». Maine de Biran a en effet conscience d'aller là où Montaigne n'avait pas su aller, à la rencontre de « l'inexprimable », de « l'ineffable » : « L'homme intérieur est *ineffable* dans son essence, et combien de degrés de profondeur, que de points de vue de l'homme intérieur, qui n'ont pas même encore été entrevus... » (t. II, p. 244). C'est précisément cette réserve d'indicible ou d'inexprimable qui légitime l'effort indéfini d'examen de soi, tant que la vie prête ses forces et sa matière. Il a surtout compris que l'inconsistance atmosphérique de l'homme intérieur est plus que compensée par son aptitude au renouvellement, à la variation, à la différenciation, et il trouve une admirable définition de cette propriété dans un texte de saint Paul : « *Licet is qui foris est... corrumpatur, tamen is qui intus est renovatur de die in diem* » (encore que l'homme extérieur se détruise, néanmoins l'homme intérieur se renouvelle de jour en jour, épître aux Corinthiens II, 4-17, *Journal,* tome II, p. 285).

Enfin, il a su utiliser et mettre au point l'instrument de notation que l'époque lui fournissait. Non seulement en fixant, au même moment que Benjamin Constant et que Stendhal, les systèmes d'abréviation et le présent du verbe propres au genre ; mais aussi en utilisant, au moins de 1811 à 1815, les curieux agendas qui paraissaient à l'époque et qui visaient, sans doute dans le prolongement des programmes dessinés par Rousseau, à permettre aux individus d'enregistrer des observations sur eux-mêmes à l'aide par exemple d'un « Mémorial horaire ou thermomètre d'emploi du temps et biomètre, par le chevalier Jullien, Milan, 1813 », ou d'un « Agenda général ou mémorial portatif, livret pratique d'emploi du temps », agrémenté d'une « Instruction pour la tenue du mémorial portatif universel » qui a elle aussi été retrouvée dans les archives de Maine de Biran à Grateloup, dans la Dordogne. L'« Instruction » demandait de distinguer entre l'agenda journalier proprement dit, « qui sert à inscrire d'une manière sommaire et substantielle l'emploi déjà fait de la journée qui a précédé, ou l'emploi projeté de celle qui va suivre » (il s'agissait donc de noter à la fois les *acta* et les *agenda* : la distinction sera reprise par Amiel), et par ailleurs cinq autres rubriques entre lesquelles pouvaient se répartir les données d'une vie soucieuse de s'examiner : « mémorial économique » (recettes et dépenses), « mémorial des personnes », « mémorial de correspondance active [envoyée] et passive [reçue] », « mémorial bibliographique », et « dépôt mnémonique, pour la vie de la mémoire et de l'imagination ». Le « biomètre », lui, prescrivait à qui le remplissait d'utiliser des signes abrégés pour noter sa progression dans tel ou tel domaine de l'existence (*p* ou *b* = bon), sa stagnation (*s* ou *m* = médiocre), sa déviation (*d* ou *n* = *nigrum,* mauvais).

Maine de Biran s'est soumis, pendant un certain temps, à

cette notation, de même qu'il s'est soumis à la prescription de faire une « revue générale de l'année » : « En revenant sur tous les événements de cette année [1815], écrit-il, et sur les divers sentiments ou les modifications de mon existence qui l'ont accompagnée, je trouve qu'aucun autre temps de ma vie n'a été plus rempli ni plus varié. » Ce sérieux dans l'examen de sa propre existence, cette préoccupation spirituelle si visiblement détachée de la notion religieuse du salut (qui cependant n'est pas totalement oubliée), c'est ce qui, chez Maine de Biran, inaugure, sans qu'il ait pu mesurer son originalité sur ce point, une époque nouvelle.

Maurice de Guérin

Une œuvre secrète, qui ne chercha pas à être publiée, et d'ailleurs ne le fut pas pendant la courte vie de son auteur (1810-1839). Cependant, c'est là plus qu'ailleurs que le journal intime triomphe comme œuvre littéraire (et non comme document, comme source annexe d'informations sur un auteur, sur un personnage). On veut parler du *Cahier vert,* daté du 10 juillet 1832 au 13 octobre 1835, et que Maurice de Guérin avait confié en octobre 1836 à son ami Paul Quemper partant pour la Louisiane, « comme si », écrit non sans quelque lyrisme l'un de ses éditeurs récents, M. Marc Fumaroli (M. de Guérin, *Poésie,* coll. « Poésie » Gallimard), « l'étendue de l'Océan devait avoir le même effet d'oubli que les flammes ». Ce *Cahier vert* est au croisement de la vie la plus intime du poète et de la conscience qu'il a d'être un écrivain, c'est-à-dire quelqu'un qui a des modèles (Montaigne, Fénelon, le Chateaubriand de *René*) et une ambition. Ainsi, quand nous lisons le beau texte du 20 avril 1834 dans lequel Guérin s'adresse à son journal, nous avons le sentiment étrange, double, d'intercepter comme violemment un texte qui cependant nous était destiné, qui nous attendait et que nous attendions : « O mon cahier, tu n'es pas pour moi un amas de papier, quelque chose d'insensible, d'inanimé ; non, tu es vivant, tu as une âme, une intelligence, de l'amour, de la bonté, de la compassion, de la patience, de la charité, de la sympathie pure et inaltérable. »

Ce qui constitue le *Cahier* comme journal intime, on le sent dans ce passage, c'est un manque, c'est l'absence d'un ami véritable : « Tu es pour moi ce que je n'ai pas trouvé parmi les hommes, cet être tendre et dévoué... », continue-t-il en effet. En ce sens, Maurice de Guérin, en dépit des aspects démodés et chétifs de sa personnalité, aspects accentués par l'admiration qui s'est d'abord attachée à son œuvre, souvent conjointe avec celle de sa sœur Eugénie qui a elle aussi laissé un journal(*), Maurice de Guérin incarne parfaitement une direction moderne de la littérature, liée à l'impossibilité de trouver soit dans l'humanité, soit en un Dieu personnel (et pourtant Guérin était un catholique fervent et même exalté, lié au milieu de Lamennais), un répondant et le pôle d'un dialogue. Mais ce qui justement caractérise ce journal intime au sens moderne du mot, c'est qu'il conserve la marque de ces deux impossibilités, celle de l'amitié et celle de la foi, et qu'il continue à dialoguer avec elles.

Entre 1832 et 1835, quand Guérin tient son journal (ou plutôt l'écrit), il ne connaît évidemment pas les autres journaux intimes qui ont déjà été tenus, ou qui le sont au même moment, par de grands écrivains comme Benjamin Constant ou par Stendhal. Et pourtant, on a envie de dire que les différents journaux écrits à une certaine époque et

(*) Et des lettres empreintes de piété, que Rilke commente ainsi : « Dommage pourtant que sa piété provinciale existât déjà toute faite, et tout d'une pièce dès le début ; pareilles natures religieuses me sont incompréhensibles : elles acceptent et elles éprouvent Dieu comme une donnée immédiate, au lieu de s'exercer à sa recherche » (lettre à Marie de la Tour et Taxis, 16 mai 1911, éd. Albin Michel, p. 47). Qu'il suffise de dire, en contraste, que la piété de Maurice de Guérin, mêlée à son exaltation païenne, ne donne aucune impression de solidité.

dans une certaine langue, même si nécessairement ils s'ignorent parce qu'ils se cachent du public, et donc les uns des autres, n'en entretiennent pas moins des liens étroits. Se parlant à lui-même, chaque écrivain fait la plus grande confiance à la langue du moment. Il entre en communication avec lui-même non pas intuitivement, non pas à travers une communication muette et implicite, mais en voulant faire entrer dans son intimité la lumière extérieure, le médium grâce auquel les inconnus entrent en relation. Il suppose que ce qui peut le mieux connaître ce qu'il a en lui, ce n'est pas le sens intime silencieux, mais la lumière même de l'extériorité (c'est en ce sens, en tout cas, que l'on peut le mieux comprendre la filiation qui existe entre le journal intime moderne et les formes classiques — chrétiennes — de l'examen de soi : car pour le chrétien aussi, c'est un tiers, c'est Dieu, qui est plus en contact avec son âme que lui-même). Maurice de Guérin a le sentiment d'une extrême solitude, et c'est ce sentiment négatif qui lui donne la force de tenir son journal. Et pourtant, il devient grâce à ce journal provisoirement ignoré et invisible l'exact contemporain d'autres écrivains voués au même silence.

Curieusement, l'œuvre intime de Maurice de Guérin n'eut pas si longtemps à attendre pour être livrée au public (peut-être, au moins en partie, parce que son auteur mourut très jeune, à 29 ans). Dès 1861-1862, par les soins de G. S. Trebutien, étaient livrés au public du second Empire, sous le titre pieusement latin de *Reliquiae*, puis comme *Journal, lettres et poèmes* (ces deux livres chez Didier), l'essentiel de ses textes conservés. Par ailleurs, Guérin eut la chance (et le mérite) d'intéresser des écrivains de qualité comme son ami Barbey d'Aurevilly, comme George Sand, Maurice Barrès, Rilke et François Mauriac, puis de grands critiques comme Sainte-Beuve, Charles Du Bos (évidemment, à cause de son intérêt pour les journaux intimes), Albert Béguin et Jean-Pierre Richard.

Ce qui est passionnant, et complexe, dans *Le Cahier vert* de Guérin, ce qui empêche d'y voir une simple ébauche du journal intime, une forme primitive, c'est qu'il est à la fois très intime, et très littéraire. Intime non pas au sens où ce texte contiendrait des révélations compromettantes sur son auteur, et en général se soucierait de révéler (le texte de Guérin recèle plus qu'il ne révèle, il attire son lecteur dans l'espace du secret) ; l'intimité est ici regard sur soi, mais un regard qui, tourné vers le dedans, ouvre cependant à la fois sur la vie de la nature, et sur l'œuvre des autres écrivains (Byron, Chateaubriand) avec lesquels Guérin entre en compétition et en dialogue.

Ce que l'écrivain dit de ses lectures (Goethe, Sismondi, Bernardin de Saint-Pierre, Herder) montre en effet que les livres qu'il lit, et surtout ceux qu'il relit, et où il retrouve des traces de ses anciennes émotions (c'est le cas du *René* de Chateaubriand), jouent déjà pour lui le rôle d'un journal intime. Il est vrai — Guérin le souligne lui-même — que certaines de ses lectures ont la vertu de mettre en communication directe la nature la plus sauvage et la culture la plus prestigieuse, celle de l'Antiquité classique. C'est le cas de Herder, dont les *Idées sur la philosophie de l'histoire de l'humanité* sont publiées en français en 1827 avec une préface de Quinet. C'est le cas de Creuzer, dont la *Symbolique* est traduite en 1828 sous le titre *Religions de l'Antiquité*. D'où cette exclamation du *Cahier vert*, où Guérin se plaint de l'insuffisance des études classiques en France, comparées à celles que l'on donne en Allemagne : « Quel professeur, lisant à ses élèves Homère ou Virgile, a développé la poésie de l'*Iliade* ou de l'*Enéide* par la poésie de la nature sous le ciel de la Grèce ou de l'Italie ? ».

Ce *Cahier* possède deux caractéristiques qui le mettent à part, en effet. D'abord, il évoque moins le cabinet, la table de travail sur laquelle se penche l'écrivain, qu'une nature ouverte, inspirée, agitée de mouvements qui demandent à être interprétés : non seulement parce que l'écrivain, dès les premières lignes, nous dit être installé à la campagne, mais parce que les images mêmes qui se présentent à son esprit pour décrire et mimer ses mouvements intérieurs sont issues des mouvements de la nature, de la mer, des nuages. Ce qu'on trouve chez Maine de Biran sous la forme d'une conception organisée, selon laquelle il y aurait une correspondance étroite entre l'état de l'atmosphère et les états de l'âme, Guérin lui donne forme spontanément, comme s'il était évident pour lui qu'il y a en effet, au fond de l'âme, la vastitude d'un ciel : « Il y a plus de force et de beauté dans le secret bien gardé de soi et de ses pensées, que dans le déploiement d'un ciel entier qu'on aurait en soi » (27 mars 1835). Ou, pour mieux dire, comme si le ciel naturel n'était que la représentation d'une autre vastitude, dont l'âme elle aussi donne une image. Ou bien, dans la notation suivante (3 avril) : « L'étendue morale qu'embrasse ma vie est comme une solitude couverte d'un ciel pâle, immobile, sans saisons. »

Obéir à la prescription chrétienne du retour sur soi, de l'éveil intérieur, c'est selon Guérin se tourner aussi vers la vie, c'est ouvrir « cet œil intérieur que Dieu nous a donné pour veiller sans cesse sur notre âme, pour être témoin des jeux mystérieux de la pensée, du mouvement ineffable de la vie dans le tabernacle de l'humanité » (p. 84). Caractéristiques sont la liberté et la précision avec lesquelles il décrit cette nature à la fois intérieure et extérieure, nature qui ne se modèle dans aucun stéréotype : « La vie ne descend pas du ciel dans la fraîcheur des nuits, ni répartie dans les gouttes des ondées, ni fondue et dissoute dans l'étendue entière de l'air ; elle tombe d'en haut comme un poids. » Par ailleurs, le journal de Guérin est d'une écriture très travaillée, sans la moindre trace de laisser-aller. On y rencontre certes les abréviations qui sont comme la signature du journal intime, et par lesquelles on signale (à soi-même ?) que l'on écrit d'abord pour soi (« C. et moi nous sommes mis en route, jeudi... »), mais l'intimité qui s'y déploie n'est nullement renfermée, elle n'évoque d'aucune façon les intérieurs domestiques, le confort douillet que suscitent les aises et les objets familiers. Ce qui est familier, pour Guérin, se trouve dans l'air agité de la campagne.

Par sa tenue littéraire, par le contraste si fort qu'il fait voir entre le sentiment passionné de la vie et la maîtrise de la phrase, le journal de Maurice de Guérin donne souvent l'impression d'être un journal fictif, la représentation d'un journal. Il est de toute façon vrai qu'en recherchant le point de départ historique du genre, on est souvent confronté à l'idée que le premier journal intime a dû figurer dans un roman ; l'idée est en un sens absurde (que signifierait de dire que la première lettre jamais écrite l'a été dans un roman épistolaire ?). Elle a cependant l'intérêt de nous confronter à une difficulté essentielle à ce type d'écriture, qui veut que pour accéder à l'intime de soi, on doive lui donner une forme, procéder à une sorte de publication intime que la publication effective, si elle arrive un jour, ne fera que répercuter.

Reste que cette inévitable caractéristique du journal intime qu'est la connexion entre la vérité d'une âme et les repères du calendrier, Guérin s'y soumet. Avec lui apparaît combien la fonction de ces dates est moins de marquer une succession, une continuité, que de détacher chacun des moments vécus (promenade, méditation, lecture, examen de soi) en l'inscrivant à chaque fois dans un présent quasi clos, dans ce que Charles Du Bos, réfléchissant sur l'acte consistant à tenir son journal, nommera « le sacrement du moment présent » (*Journal*, tome IX, p. 48). Chez Guérin, le journal est lié à la journée, à chaque journée (3 mars 1833 : « La journée d'aujourd'hui m'a enchanté »). Or les journées communiquent moins par leur contiguïté (ne dirait-on pas que pour le diariste, les nuits forment autant de séparations hermétiques?), que par le retour cyclique et naturel des heures (« Six heures du soir. C'est le moment où les souvenirs me reviennent par milliers, comme les oiseaux qui, à la même heure, accourent en foule au rendez-vous qu'ils se sont donné sur un grand peuplier... »), des anniversaires (4 août 1833: « Aujourd'hui j'achève ma vingt-deuxième année »), ou plus simplement par le retour sur soi, par la relecture des livres lus, des pages écrites jadis, plus encore, par la constatation du manque dont témoigne le journal: « Le 3 mars. — J'ai commencé à écrire sur ce cahier le 10 juillet 1832, et je n'y suis revenu qu'à longs intervalles... J'ai peu écrit, parce que mes forces étaient à peu près anéanties... » (p. 79). Ce à quoi Guérin s'attache, c'est à l'inconsistance et à la fluidité mêmes de son esprit, avec le courage de celui qui sait qu'en choisissant cet élément si fluide, si consubstantiel à l'écoulement du temps, il s'interdit de jamais construire: « La multitude de mes pensées, foule agile et tumultueuse, sans bruit, comme les ombres, s'emporte sans repos vers un signe fatal... qui fuit avec la vitesse des apparences increées » (10 décembre 1834).

En ce point, c'est non seulement l'âme, c'est jusqu'à l'écriture elle-même qui devient naturelle et proprement météorologique: « Qui ne s'est pas surpris à regarder courir sur la campagne l'ombre des nuages d'été? Je ne fais pas autre chose en écrivant ceci. Je regarde courir sur ce papier l'ombre de mes imaginations, flocons épars sans cesse balayés par le vent » (même date). On a rarement poussé aussi loin la jouissance douloureuse de se sentir vivre comme un fantôme, comme une vapeur bientôt promise à l'évaporation, comme une fabrique de formes instables. Cependant, on surprend aisément dans ces lignes parfaites une sorte de complaisance qu'on pourrait dire « inverse » ou « négative »: complaisance à l'inachèvement, à l'instabilité, coquetterie de prétendre ne tracer qu'une écriture discontinue et à peine formée: « Il est doux de poursuivre une lecture passionnée jusque sous la chute du jour... C'est à la clarté d'un demi-jour à peu près pareil que j'ai lu dans mon âme ce que vous venez de voir. Ne vous étonnez donc pas d'y rencontrer tant d'idées rompues, suspendues, avortées. Quand on lit au crépuscule, on est sujet à sauter des mots, des phrases entières, à ne prendre que les débris de pensées qui vous luisent à travers les ombres. » (*Pages sans titre,* éd. Fumaroli, p. 192). A la fin d'une page sobre, splendide, décrivant la chute du jour et le silence qui gagne, Guérin pousse l'art du négatif jusqu'à suggérer la parenté entre la rumeur du journal et le silence des choses : « Le silence m'enveloppe, tout aspire au repos, excepté ma plume qui trouble peut-être le sommeil de quelque atome vivant, endormi dans les plis de mon cahier, car elle fait son petit bruit en écrivant ces vaines pensées. Et alors, qu'elle cesse : car ce que j'écris, ce que j'ai écrit et ce que j'écrirai ne vaudra jamais le sommeil d'un atome » (p. 131).

Pour Maurice de Guérin, le journal intime n'est que l'une des formes dont il a essayé de se servir, sans craindre d'ailleurs d'utiliser certains passages du *Cahier* dans des lettres à des proches, ou au contraire d'alimenter le *Cahier* avec des fragments particulièrement réussis de sa correspondance. Sa réussite tient à la qualité de cette âme aérienne, en vibrante communication avec les vents, avec les mouvements intimes de la végétation, qui ne peut pas ne pas parler d'elle-même en décrivant les nuages, ou en lisant avec dévotion les ouvrages du naturaliste Candolle, aussi bien qu'en parlant de ses émotions ou de ses pensées. Chez Guérin, l'intime est comme dépourvu d'enveloppe ; aucune ossature ne le protège. Cette merveilleuse impalpabilité, cette inconsistance expliquent la pellicule esthétique un peu compassée dont il se protège ; il lui faut l'équilibre de ses phrases sobres ou amples pour pouvoir accompagner l'appauvrissement, la restriction à laquelle son âme, révélée par l'acte d'écrire le journal, est sujette après des périodes d'expansion et de dilatation : « Mon âme se contracte et se roule sur elle-même comme une feuille que le froid a touchée... » (26 août 1834, p. 153).

Il est vrai aussi que Guérin est passionnément épris de continuité. Sa vie intérieure, qu'il préserve du gaspillage de la conversation pour la réserver au journal, il en révèle l'étrangeté (ainsi ce violent sentiment de « volupté dans la terreur » noté le 21 décembre 1833) plus volontiers que la dispersion. Or le journal intime suppose d'accepter cette dispersion en soi, de s'y confier. L'âme de Maurice de Guérin est sûre de sa sensibilité, de sa musicalité ; elle est trop incertaine sur ses désirs pour accepter de se livrer autrement que dans un lyrisme symphonique. En ce sens, le *Cahier vert* appartient plutôt au genre du poème en prose.

Benjamin Constant

« ...car il faut être sincère... »
et surtout pour avouer l'insincérité :
« Ma lettre ne portait aucun caractère
de sincérité. »
Adolphe.

En un sens, c'est lui le premier, lui l'inventeur. Il est vrai que le « Vieux Cahier » de Maine de Biran, qui commença à être tenu en 1794, est antérieur aux premiers essais de journal intime de Benjamin Constant (« Amélie et Germaine » : janvier à avril 1803 ; le « Journal » et le « Journal abrégé », qui débutent en janvier 1804). Mais c'est Constant qui semble avoir inventé et imposé à ceux qui l'ont lu un certain ton caractéristique du genre, avec ses abréviations, son rythme, un certain mélange finalement harmonieux de notations brèves touchant à l'existence quotidienne et de considérations ou de méditations plus développées(*).

Dans ses journaux, plus ou moins romancés, Constant a

(*) Constant a-t-il connu les agendas du chevalier Jullien, qui ont inspiré Maine de Biran ? Ce n'est pas sûr. Mais il a correspondu avec Jullien et collaboré à sa *Revue encyclopédique.* Cf. les lettres publiées dans les *Annales B. Constant,* nº 10, 1989.

su ménager une coexistence et une alternance très particulières, très souples, entre des objets dont la situation dans le temps d'une vie humaine est nécessairement différente : les uns sont singuliers, ne se manifestent qu'une fois et ne sont pas destinés à prolonger leur effet ; les autres vous enlèvent au moment présent, vous plongent dans une durée difficile à mesurer (les lectures) ; d'autres encore manifestent l'existence d'un temps intérieur différent du temps social. Mais justement, dans le journal intime tout cela se trouve noué dans un temps intérieur dont, paradoxalement, les articulations sont données par les rubriques du calendrier. Chaque alinéa du *Journal* de Benjamin Constant y gagne sa vivacité composite, mais aussi ce surprenant équilibre qui n'est qu'à lui :

> « *13 [germinal = 3 avril 1804] Minette D. de Weymar* Arrivé à Schaffhouse. *Ecrit à Minette et au Duc de Weymar*. Acheté 2 chevaux. Revendu mes 2 chevaux. Lu l'*Ajax* et le *Philoctète* de Sophocle. Il est bien évident que Sophocle était un homme d'un caractère profondément estimable... » (*Œuvres*, éd. par Alfred Roulin, coll. « Pléiade », éd. Gallimard, 1957, p. 253).

En réalité, on l'a déjà entrevu, il n'y a pas *un* journal intime de Constant (comme aurait pu le faire croire la publication en 1895, par Dora Melegari, du *Journal intime de B. Constant*, chez Ollendorf), mais divers journaux, dont l'édition intégrale, à partir des quatre manuscrits déposés à la Bibliothèque de Lausanne par un héritier des Constant, a été assurée en 1952 par Alfred Roulin et Charles Roth, chez Gallimard, après des éditions partielles par Gustave Rudler, puis par Jean Mistler. Il est déjà caractéristique que la toute première publication assurée par Dora Melegari (sur la base d'un travail d'Adrien de Constant), l'ait été sous le titre

« Extraits d'un livre de souvenirs écrit à diverses époques par B. Constant » (dans la *Revue internationale,* à Rome, en 1887), comme si l'idée de livrer tel quel le journal intime de l'écrivain avait suscité une résistance.

Le premier en date de ces manuscrits, sous le titre quasi romanesque « Amélie et Germaine », couvre la période du 6 janvier au 10 avril 1803, au moment où Constant hésite entre lier sa vie à Amélie (Fabri) ou à Germaine (de Staël). Curieusement — mais nous avons déjà évoqué ce paradoxe à propos de Maurice de Guérin — le journal le plus ancien est en l'occurrence le plus romanesque, le plus fictif: car s'il évoque des personnages réels, des événements qui ont bien eu lieu, des situations effectives, on peut se demander s'il a effectivement été tenu au jour le jour, ou si son auteur ne lui a pas donné rétrospectivement cette forme, ne l'a pas doté après coup de ce présent successif qui est celui du journal. De plus, le ton d'« Amélie et Germaine » est déclaratif, oratoire même. Constant se justifie, argumente, examine les solutions possibles, mais on dirait qu'il n'a pas encore trouvé accès à l'intimité directe, sèche, nette, qui sera présente dans les journaux suivants. Ici, l'on est plutôt sur la voie qui mènera Constant, dès 1806, à entreprendre la rédaction d'*Adolphe,* si l'on veut bien se souvenir que ce roman non seulement n'est pas étranger à l'entreprise autobiographique de Constant, évidemment, mais contribue à sa façon à constituer la matière littéraire « intime » dont il est un des maîtres.

Les trois autres manuscrits constituent les journaux à proprement parler, et tout indique que Constant avait l'intention de les soustraire non seulement à la publication, mais même au regard de ses proches. Le premier s'étend du 1er pluviôse an XII (22 janvier 1804) au 18 floréal an XIII (8 mai 1805, quelques jours après la mort de Madame Talma), plus une note du 12 avril 1808, qui fait le lien avec le manuscrit suivant. Le second, nommé par les éditeurs

« Journal abrégé », est de plus chiffré partiellement (la clé du chiffre figure dans le premier manuscrit). Il couvre la période du 22 janvier 1804 (point de départ du premier journal) au 27 décembre 1807. Le troisième, enfin, chiffré en caractères grecs (on trouve ce même recours aux caractères grecs dans les *Note-books* de Coleridge, lorsque le poète veut cacher aux regards indiscrets de sa femme ses sentiments adultères), contient le journal tenu entre le 15 mai 1811 (Constant quitte Madame de Staël à Lausanne, il part pour l'Allemagne avec Charlotte de Hardenberg) et le 26 septembre 1816 (veille du départ de Constant de Bruxelles pour Paris). On le voit, nous n'avons rien des journaux qui ont pu être tenus entre 1807 et 1808, puis jusqu'en 1811.

On notera enfin qu'il n'est plus question de journaux intimes après le retour de Constant en France, comme si cette rédaction était pour lui liée à la jeunesse, aux passions, aux voyages, et était exclue par l'activité politique intense qu'il a déployée sous la Restauration (rappelons que, né le 25 octobre 1767, à Lausanne, il devait mourir le 8 décembre 1830 à Paris). Quant au *Cahier rouge* (titre donné à ce texte par la baronne Charlotte de Constant lors de l'édition de 1907), il s'agit, non d'un journal, mais d'une autobiographie couvrant les années 1767-1787 et rédigée en 1811. *Cécile*, enfin, qui n'a été publié qu'en 1951 par Alfred Roulin (après la découverte du manuscrit en 1948), et qui fut rédigé sans doute à la même époque que le *Cahier rouge*, est un récit qui rapporte lui aussi des pans d'autobiographie (les relations entre Constant et Charlotte de Hardenberg jusqu'à leur mariage), mais en déguisant, fût-ce assez légèrement, les noms des protagonistes.

Ainsi se déploie devant les yeux du lecteur d'aujourd'hui ce que jadis seul Constant lui-même aurait pu envisager (en admettant — c'est fort douteux — qu'il s'en soit donné le loisir et qu'il ait cru bon de passer en revue tous ses manuscrits) : le spectre entier d'une œuvre, depuis ce que l'auteur considérait comme son centre, son achèvement encore à réaliser, l'essai *De la religion*, en passant par les essais politiques, jusqu'aux écrits romanesques (*Adolphe*, *Cécile*), puis aux essais autobiographiques, et enfin au journal intime, chiffré ou non. Ou plutôt, c'est nous qui considérons tout cela comme une « œuvre », et qui attribuons à l'écrivain Constant les textes en effet nés sous sa plume, mais qui étaient pour lui périphériques : proches sans doute de son cœur, destinés à être relus par lui quand il en avait le désir ou l'occasion, mais ne devant jouer aucun rôle direct dans le rapport qu'il imaginait entretenir avec un public. Pas si proches d'ailleurs qu'il n'ait fini, après son retour en France en 1816, par oublier l'existence, ou en tout cas la localisation, du dernier de ses trois journaux (celui qu'il avait rédigé en caractères grecs). Pourtant, même si nous devons, pour respecter la vérité historique, reconstituer cette hiérarchie des textes telle que Constant et son époque la concevaient, nous ne pouvons nous défendre de l'idée que c'est nous, la postérité, avec notre intérêt pour les documents autobiographiques, pour ce qui est caché par la pudeur, qui avons raison. Et cela parce que notre goût pour l'intime n'est pas un goût parmi d'autres, voire une infirmité ou une petitesse caractéristiques d'une époque de décadence, mais le résultat d'une transformation profonde dont des hommes comme Benjamin Constant ont précisément été les ouvriers.

S'agissant d'un esprit aussi vif, aussi curieux de gens, de livres et d'idées, aussi remuant même, et qui participe pleinement aux aventures de sa vie comme à celles de son temps, on n'est pas surpris de voir que, pour une large part, les journaux de Constant semblent surtout voués à enregistrer des faits : « *Ecrit à Minette* [Mme de Staël]. Passé ma matinée à achever de ranger mes papiers. Réglé compte avec Saulnier. *Lettre de Madame Lindsay.* Mme Talma, toujours plus mal... » (14 mars 1805, coll. « Pléiade », éd. Gallimard, p. 446). On dirait volontiers qu'il s'agit d'aide-mémoire, auxquels Constant demande de conserver à sa place les événements qu'il a vécus, pour lui en restituer plus tard la teneur ou la saveur. Car la mobilité que nous avons évoquée, Constant sait que, vue sous un autre angle, elle est instabilité et même inconstance (le mot s'impose souvent, sans désir de jouer sur les mots, à Constant lui-même). « Avec ma mobilité, les objets s'effacent de ma tête à mesure que je m'éloigne et ils y rentrent à mesure que je me rapproche... Ce journal peut me servir non pas à me redonner des sensations passées [Casanova, au contraire, demande à ses *Mémoires* de renouveler pour lui des sensations de bonheur qu'il ne peut éprouver autrement], mais à me rappeler que j'ai éprouvé ces sensations et qu'il ne dépend que de moi de les retrouver en changeant de lieu. Ainsi ce journal est une espèce d'histoire, et j'ai besoin de mon histoire comme de celle d'un autre pour ne pas m'oublier sans cesse et m'ignorer » (21 décembre 1804, p. 395).

Texte remarquable en ceci que le passé y est désigné non comme un lieu où l'on ira se réfugier mélancoliquement, mais comme une sorte de tremplin à partir duquel rebondir, comme un encouragement plus que comme une nostalgie. Remarquable est aussi, bien sûr, cette conception d'un sujet qui est « un autre » pour lui-même, qui ne peut faire fond sur son identité à soi-même, mais doit se construire comme artificiellement la conscience de cette identité. Le rapport de soi à soi ne suffit pas, pour Constant, parce qu'il n'est pas spontanément donné ; il doit passer par l'écriture, la notation, donc par la réflexion, puis par la relecture — comme on le verra — et donc par une nouvelle réflexion. Mais l'intervention du médium de l'écriture signifie que le rapport à soi passe par « un autre », et donc que la page du journal, aussi secrète soit-elle, est déterminée par un regard qui y découvre ce qu'il ne connaissait pas, parce qu'il ne l'avait jamais vu, ou parce qu'il l'avait oublié. Ajoutons — c'est une remarque complémentaire — que la mobilité que Constant sait avoir, l'empêche non seulement de se fixer dans une connaissance de soi, mais même de mesurer sa sincérité, l'authenticité de ses sentiments. En ce point, c'est le narrateur d'*Adolphe* qui nous éclaire, par une remarque générale dont l'inspiration chrétienne ne peut nous échapper : « Nous sommes des créatures tellement mobiles, que les sentiments que nous feignons, nous finissons par les éprouver » (p. 48).

Cependant, Constant attribue à son journal une autre fonction, encore plus surprenante : celle de l'aider à oublier. De l'aider à se souvenir qu'il a à oublier ; le journal se souviendrait de sa promesse de n'y plus penser, et le déchargerait de cet engagement, pourrait-on dire pour mieux respecter la complexité (néanmoins toujours exprimée dans une langue limpide) de son dessein. Curieusement, on peut lire dans le roman *Adolphe* un passage qui semble anticiper cet usage paradoxal de l'écrit : il s'agit du moment où Ellénore mourante demande à Adolphe de lui rendre un étrange service : « Vous trouverez parmi mes papiers, je ne sais où, une lettre qui vous est adressée ; brûlez-la sans la lire, je vous en conjure au nom de notre amour... » (coll. « Pléiade », éd. Gallimard, p. 77). Le texte a été écrit, adressé, conservé. Il est lisible et ne doit pas être lu ; il doit même être détruit. Les journaux intimes eux-mêmes sont dans cette situation instable, confiés à l'avenir sans lui être vraiment livrés. Ainsi, à propos de ce qui devait être le problème récurrent de sa vie, celui de ses relations étroites avec Germaine de Staël, il note le 2 mai 1804 : « Je suis déterminé à m'en tenir dans mes rapports avec Biondetta [c'est le nom qu'il lui donne, d'après un personnage du *Diable amoureux* de Cazotte] à ce que j'ai écrit hier. Je n'en parlerai plus dans ce journal » (p. 268).

Dans un premier stade, le journal fournit le simple support d'un engagement ; il est un témoin fidèle, stable, à la différence de l'esprit de l'auteur, comme on l'a déjà dit. Mais le paradoxe naît immédiatement de la nature de l'engagement, consistant à ne plus parler « dans ce journal » du sujet interdit. Le journal doit lutter contre l'instabilité de l'esprit ; il s'avère en être le meilleur miroir, et donc la redoubler, comme le constate aisément, et non sans en sourire, quiconque lit les journaux de Constant dans leur suite, et y voit revenir sans cesse cette même question lancinante et chérie, jusqu'à ce que dans le « Journal abrégé », et chiffré, le chiffre 2 en vienne à signifier ce « désir de rompre mon éternel lien dont il est si souvent question », et 3 les « retours à ce lien par des souvenirs ou quelque charme momentané » (8 mai 1805, p. 486). Mais Constant ne l'avait-il pas anticipé ? « Si je constatais toutes mes incertitudes, j'écrirais tous les jours la même chose », écrivait-il juste après s'être engagé à n'en plus parler.

En au moins une occasion, Constant va encore plus loin dans l'entreprise de demander à son journal de l'aider à oublier, ou d'oublier à sa place. En juin 1807, à une époque où il est très amoureux de Charlotte de Hardenberg, il retrouve Anna Lindsay, femme galante dont il avait été très épris quelques années auparavant (leur *Correspondance* a été éditée chez Plon en 1933). « Réchauffé d'histoires » entre les deux amants, comme il le dit plaisamment. Et l'ancienne maîtresse ne peut s'empêcher de dénigrer, en passant, celle qui l'a remplacée. « Réfléchi sur l'impression que le mal que Madame Lindsay m'a dit de Charlotte sous le seul rapport de la figure [de la beauté] avait faite sur moi. Quoi ! j'aime Charlotte depuis huit mois, je me trouve bien avec elle, j'ai du bonheur à me reposer dans sa conversation, j'ai du plaisir dans ses bras... et un mot d'une fille que j'ai eue et qui est plus ou moins jalouse par réminiscence d'une femme qu'on lui a dit que j'avais aimée, me bouleverse et m'ébranle. Fi de mon imagination, fi de mon cœur. Personne n'a su cette pensée coupable. Que personne ne la sache, et tâchons nous-même de l'oublier » (20 juin 1807, p. 606).

Texte extraordinaire. Non seulement par la netteté de ces

phrases qui savent juxtaposer sans les contaminer, et donc sans les atténuer, des émotions, des pensées et des sentiments contraires ; mais par la mise en scène si éloquente, si gracieuse même, du théâtre intérieur d'une âme, dont les protagonistes s'expriment comme dans une comédie de Marivaux: « Fi de mon imagination... » A cet égard, il semble que la pratique du « journal abrégé » ait permis à Constant d'assouplir encore son style, de lui donner une plus grande force dramatique (citons presque au hasard la page précédente : « *19 écrit à Charlotte.* Je pars aujourd'hui. La crise approche. Mon passeport est visé. Si je ne suis pas libre à présent, c'est bien à moi que je pourrai m'en prendre. 2 est donc possible et je balancerais ? Entrevue avec Madame Lindsay. Protestations d'amitié. Réchauffé d'histoires... ») Mais il faut surtout noter la subtilité de l'injonction d'oublier. Tel le roi Midas, on dirait que Constant veut à la fois cacher son secret à tout l'univers (« Que personne ne la sache... ») et se libérer d'un dépôt trop lourd pour un homme seul, en le confiant à ce trou dans la terre qu'est son journal. On voit Constant éprouver ce qu'est l'écriture « pure », l'écriture avant l'idée même d'une publication. L'écriture conserve, elle est le substitut de la mémoire, et en même temps elle enterre, parce qu'elle peut dispenser de garder le souvenir vivant en soi. La note de Constant est une sorte de lapsus, un *memorandum* qui rappelle le devoir d'oublier (*obliviscendum* ?) ; elle manifeste aussi, véridiquement, que le journal, comme toute écriture, n'est vivant que pour un lecteur qui en ranime « les miroirs ternis et les flammes mortes » (Baudelaire).

Aussi bien le journal est-il le plus souvent, pour Constant, une occasion de relecture et, par-delà, l'occasion de revenir sur des anniversaires, de compter son temps intérieur et d'en éprouver le rythme et le mouvement, ou plutôt ce mouvement qui se résout en immobilité, une étrange immobilité puisqu'elle n'empêche ni l'impermanence ni l'inconstance. « 22 jeudi [janvier 1807]. — Il y a aujourd'hui 3 ans que j'ai commencé ce journal: et pas un jour sans être occupé de la même idée, de 2! Et je ne suis pas plus avancé que le premier! » (p. 576). Symétriquement à ce regard mélancolique sur un passé par rapport auquel on n'a pas su progresser, la relecture du journal donne à Constant l'occasion d'anticiper, avec une mélancolie semblable, sur un futur qui est comme déjà écrit, mais d'une écriture invisible pour lui, lisible pour nous lecteurs: « 19 [septembre 1814]... Je copie dans un grand livre tout ce journal. Quand j'en serai à copier ceci, quelle sera ma situation? J'en suis curieux » (p. 708). Par cette dernière notation, Constant rend sensible, et d'abord pour lui, le cours parallèle de ces deux temporalités qui font sa vie, celle des événements et celle du journal qui les redouble, accueille leur dépôt et en quelque sorte les superpose les uns aux autres dans la suite de jours eux-mêmes superposables.

Deux temporalités, mais aussi deux humeurs opposées et complémentaires: l'avidité, la curiosité, la recherche de la jouissance qui voudrait donc accélérer le cours des événements; et le regret du temps qui passe, de la vie qui se défait, se liquéfie. C'est évidemment cette seconde humeur qui gouverne le journal (mais sans annihiler la première). « 11 [décembre 1811]. — Un peu travaillé. Concert. Souper gai chez Madame Rode. La vie passe. Hélas! » (p. 650) La juxtaposition franche du « souper gai » et de la déploration du temps qui passe est presque comique; en tout cas elle ne manque pas d'une surprenante tonicité, surtout quand on compare ce passage à d'autres, où l'accablement l'emporte temporairement. Ainsi, lors d'un anniversaire: « 3 [brumaire = 25 octobre 1804]. C'est aujourd'hui que je suis né. J'accomplis aujourd'hui ma trente-septième année. La meilleure partie de ma vie est écoulée... » (p. 361). Ou bien: « Je suis comme un débris debout au milieu de ruines couchées. Mon âme est flétrie » (15 mars 1805, p. 447).

Il serait vain de dire que ce sentiment n'est pas sincère, ou pas tout à fait : il est la condition, et pourrait-on dire tout autant la conséquence, de la tenue d'un journal intime, et c'est par ce sentiment que Constant est l'un des maîtres du genre. Actif, entreprenant, Constant ressent l'instabilité et la ténuité de sa vie : par exemple de son travail intellectuel. On le comprend mieux quand on pense que ce qu'il considère comme l'ouvrage essentiel de sa vie, son ouvrage *De la religion,* dont la préparation remplit les pages de ses journaux, nous le considérons (peut-être à tort) comme accessoire comparé à son œuvre politique ou littéraire. « Voici bientôt un mois que je n'ai point travaillé à mon pauvre ouvrage. Ma vie s'enfuit comme de l'eau... », écrit-il le 15 décembre 1804, retrouvant spontanément une formulation de Fénelon (mais l'ignorait-il tout à fait ? Peut-être pas, si l'on songe à la bizarre destinée de la pensée du prélat catholique français, relayée par des milieux piétistes protestants, en particulier en Suisse, vers la fin du XVIIIe siècle[(*)]). Constant, en se relisant, constate d'ailleurs lui-même combien le journal intime penche quasi irrésistiblement vers la mélancolie : « Je dois consigner ici que je traite mon journal comme ma vie. J'y enregistre mes peines beaucoup plus que mes plaisirs » (p. 357).

« Consigner », « enregistrer » : seraient-ce là deux activités différentes ? Ou bien n'est-ce pas, plus simplement, que sous la plume de Constant le journal intime révèle ses virtualités, son aptitude à se différencier infiniment, à faire apparaître une profondeur étagée qui est autant celle de l'écriture que celle de l'âme ? Accolé à la vie par la notation quotidienne ou quasi quotidienne, le journal se révèle même vampirique : il fait concurrence à la vie, se nourrit d'elle pour

(*) Sur les piétistes de Lausanne, et sur ce que leur doctrine devait à Fénelon et à Madame Guyon, le narrateur de *Cécile* s'explique longuement (p. 173-175). Il y évoque, justement, un usage profane de cet enseignement religieux.

la supplanter, pour que sa vie de papier prenne toute la place de ce qu'il est censé simplement enregistrer. D'où l'horreur que Constant, à des moments particulièrement dramatiques, éprouve pour ces pages égocentriques, peut-être simplement autocentrées, dans lesquelles les sentiments, une fois exprimés et détachés de qui les a éprouvés, prennent trop d'importance, trop de sérieux, se figent. Ainsi, devant le corps sans vie de Madame Talma: « Si on lisait ce que j'en ai écrit quelquefois, on ne croirait pas au regret amer, à la douleur sans interruption que j'éprouve de sa perte » (5 mai 1805, p. 484). Ce qui a été noté, parce que c'était vrai, il ne faudrait pas le lire ; ou alors il faudrait savoir le lire (ce que tout lecteur de journal intime s'imagine apprendre à faire). D'ailleurs, effectivement, le journal s'interrompt quelques jours plus tard; seule est notée la date: « 18 [floréal = 8 mai 1805] ». Ce n'est que trois ans plus tard que, se relisant, Benjamin Constant explique — pour ce regard inconnu qui regarde sa vie, pour celui qu'il sera lui-même plus tard, pour nous — ce qu'ont été ses décisions. Cette voix grave, précise, explicite, parle encore aujourd'hui dans l'étrange vide où nous nous trouvons placés — par lui — quand nous le lisons:

> « (Ce 12 avril 1808.) La mort de Madame Talma m'avait jeté dans un tel abattement qu'à dater de ce jour mon journal où j'avais retracé tous les détails de sa maladie et jugé quelquefois sévèrement son caractère me devint insupportable ; cependant, ne voulant pas l'interrompre complètement, j'imaginai de ne l'écrire que fort en abrégé et en grande partie en chiffres. Je le continuai comme cela jusqu'au 28 décembre 1807, où une autre circonstance, que j'expli-

> querai à cette époque, me le fit interrompre tout à fait. Je le reprends aujourd'hui... » (p. 486).

On le voit dans des passages de ce genre, passionnés et cependant théâtraux, le journal intime nous introduit dans un monde dont la vérité est sans cesse menacée, moins par l'insincérité que par une sorte de vide, de mobilité, d'inconsistance que le journal révèle et accentue. « Il y a certainement une sorte de mobilité d'imagination, de susceptibilité d'impressions vagues et mélancoliques, qui n'appartient pas au commun des hommes et dans laquelle le commun des hommes ne peut voir que de l'affectation » (1er mars 1805, p. 441). L'opposition qui est relevée par Constant entre lui-même et le « commun des hommes » peut bien être rattachée de façon générale au « romantisme »: on a plutôt l'impression qu'il faut y voir l'effet de la découverte, ou redécouverte, d'un certain sens de l'intimité, dans le journal intime ou ailleurs. « On n'est connu jamais que de soi, on ne peut être jugé que par soi: il y a entre les autres et soi une barrière invincible » (12 juin 1804, p. 285). Or, cette intimité, loin d'être une coïncidence ou une connivence avec soi, est au contraire un décalage, une distance, disons une proximité dans un espacement ou un espace caché. C'est pourquoi, par exemple dans *Adolphe*, les mêmes termes peuvent être employés pour parler de soi, ou de la relation avec une personne aimée. Tel celui de sanctuaire, « le sanctuaire intime de ma pensée... » (p. 52), mais aussi bien, dans un passage qui décrit un amour moribond: « C'est un grand pas, c'est un pas irréparable, lorsqu'on dévoile tout à coup aux yeux d'un tiers les replis cachés d'une relation intime; le jour qui pénètre dans ce sanctuaire constate et achève les destructions que la nuit enveloppait de ses ombres: ainsi les corps renfermés dans les tombeaux conservent souvent leur première forme, jusqu'à ce que l'air extérieur vienne les frapper et les réduire en poudre » (p. 62).

Comment mieux décrire l'invitation que comporte le journal intime à venir regarder ce qui se conserve à l'abri de la lumière publique, abrité pour pouvoir garder sa forme première ?

Ce serait toutefois trahir Benjamin Constant que de laisser croire que ses *Journaux* soient baignés de mélancolie et d'accablement, que leur climat soit aussi brumeux que celui des cahiers de Maine de Biran, que la passivité les grève comme elle le fera de ceux d'Amiel. Au contraire, une vivacité ne se dément pas dans ces *Journaux,* qui tranche d'ailleurs avec l'éloquence brève mais rythmique d'*Adolphe.* Ici, chaque courte notation veut coller au plus près à la vivacité des événements, au rythme aléatoire qui fait se succéder, ou rend contemporains, les faits les plus hétéroclites. En ce sens, l'un des passages les plus beaux et les plus drôles du *Journal* de Constant (pas « abrégé », à ce moment-là) a trait au retour de Napoléon de l'île d'Elbe, en mars 1815, pendant l'une de ces périodes agitées qui voient périodiquement le personnel politique français, et Constant avec lui, sautiller en cherchant d'où vient le vent. 6 mars : « Arrangement de départ. Nouvelles inattendues. Serait-il vrai que Buonaparte fût en France ? ». Le 10 : « Grandes nouvelles. La débâcle est affreuse. Mon article de demain met ma vie en danger. Vogue la galère. S'il faut périr, périssons bien. » Le 20 : « Le roi parti. Bouleversement et poltronnerie universelle. » Le 30 : « Visite à Joseph [Bonaparte, évidemment]. Espérances. Y aurait-il vraiment chances de liberté ? Dîné chez Juliette. » 14 avril : « Entrevue avec l'empereur. Longue conversation. C'est un homme étonnant. Demain, je lui porte un projet de constitution. Arriverai-je enfin ? ».

Ces passages sont d'autant plus drôles qu'ils sont écrits par un homme qui se sent vieillir, et dont la prétendue passivité se marque non seulement dans ce « vogue la galère », mais de plus en plus fréquemment dans des soupirs dévots et abrégés comme « L.v.d.D.s.f. » (La volonté de Dieu soit faite) ou « g.D.j.t.r.t.v.s.t.f. » (grand Dieu je te remercie ta volonté soit toujours faite), qui ressemblent fort à des « inch'Allah » superstitieux. L'abréviation, sans l'annuler, modifie certainement la portée de la formule religieuse, la faisant passer par le canal si particulier du journal intime : la religion se voit en quelque sorte privatisée, le culte célébré dans un « sanctuaire » dont nous avons vu plus haut qu'on y célébrait plus le culte de soi (et des personnes chères à soi) que le culte de Dieu. Aussi bien, on sait que le recours à la religion, chez Benjamin Constant, manifeste non pas la foi, mais son absence : « Ma surprise n'est pas que l'homme ait besoin d'une religion ; ce qui m'étonne, c'est qu'il se croie jamais assez fort, assez à l'abri du malheur pour oser en rejeter une : il devrait, ce me semble, être porté, dans sa faiblesse, à les invoquer toutes... » (*Adolphe*, p. 77-78).

Certes, l'organisation de l'espace intérieur du journal intime ne serait pas pensable sans les précédents chrétiens, notablement celui des *Confessions* de saint Augustin. Néanmoins, et ceci apparaîtra peut-être encore plus clairement avec les journaux de Stendhal, le journal intime moderne suppose (quoi qu'en pense son rédacteur) une rupture profonde avec l'idée d'une âme créée et totalement connue par son créateur. Il nous montre, à l'opposé, un individu qui sent que pèse sur lui seul la tâche impossible de se connaître dans son instabilité. Sur lui seul, mais dans la lumière équivoque que diffuse la conscience d'être aussi différent de soi qu'on est différent des autres hommes. Aussi différent, mais pas plus.

Stendhal

La chose privée, intime, par excellence, et qui doit constituer comme le fil rouge de tout journal intime (l'image du « fil rouge », on l'a dit, est empruntée aux *Affinités électives* de Goethe[(*)], précisément pour désigner ce qui fait l'unité profonde du journal d'Ottilie) — cette chose, n'est-ce pas la vie du sexe ? Plus précisément, dans le monde masculin où se déroule l'histoire évoquée ici, l'intime par excellence, le cœur du journal intime, ce seraient les bonnes fortunes d'un homme, les occasions, les dates, les noms des femmes qu'il a eues. C'est ce qui relie entre eux les carnets de Restif, les journaux de Lord Byron, de Benjamin Constant, de Michelet, de Delacroix, de Hugo, de Stendhal, certains carnets de Vigny ; c'est ce qui les apparente aux *Mémoires* de Casanova, au *Journal* de Pepys, voire aux comptes tenus par le Don Giovanni de Da Ponte et Mozart. Il n'est pas jusqu'aux *Mémoires* de Madame de Genlis qui ne nous parlent d'enregistrer des bonnes fortunes masculines (celles du gendre de la rédactrice). Il faudra attendre, semble-t-il, les années trente et Anaïs Nin, l'amie et correspondante de

(*) Dont Stendhal avait lu la traduction française, sous ce titre, dès sa parution à Paris chez L'Huillier, en 1810.

Henry Miller, pour qu'une femme se sente autorisée à tenir le compte de ses « rencontres » amoureuses (comme spontanément, en ce domaine, le vocabulaire change dès qu'il s'agit de femmes, et non plus d'hommes !).

L'intimité d'un homme, on dirait que c'est, indissolublement, celle qu'il a avec lui-même, celle qu'il a avec son valet de chambre, celle qu'il partage avec la femme qui lui accorde ses faveurs, celle enfin qu'il partage avec d'autres hommes, camarades de chambrée (comme le jeune Stendhal à Milan) ou lecteurs de rencontre. S'il en est ainsi, on comprend que les bonnes fortunes, celui qui les a reçues à la fois les cache et s'en vante, les dissimule (par exemple aux yeux de sa femme légitime) et ne veut pas qu'elles soient inaperçues. Il veut s'en souvenir, car ce sont des moments merveilleux, de ceux qui donnent valeur à la vie, tout en ne souhaitant pas qu'elles viennent obscurcir l'éclat de sa gloire ou la qualité de sa bonne réputation. Il en crypte l'enregistrement (en grec, en anglais, en italien, avec des croix ou des nombres) et laisse traîner quelque part la clef du chiffre, pour que les diamants de son coffre, à sa mort, ne se perdent pas.

En quels termes ces choses-là sont-elles écrites dans un journal intime ? Dans celui de Stendhal, justement parce que l'intimité est pour lui une forme du contact avec autrui, il aime employer un vocabulaire grossier, de militaire, de cavalier, de ces mots à la fraîche crudité que nous ne voulons pas reproduire ici (où nous ne sommes pas dans un journal intime) et qui ont pour valeur de choquer ceux qui ne doivent pas les lire, de sceller une complicité entre hommes, ou d'exciter une partenaire par une rupture délibérée des convenances. Il parle très souvent (enfreignons notre règle sur ce seul point) des femmes qu'il a « eues » ; mais on ne voit pas chez lui, comme chez Vigny, de mépris pour les femmes. Les mots qu'il emploie font partie de la guerre des sexes dans laquelle il se veut engagé, une guerre complexe, dans laquelle on trouve de la ruse et de la violence, une mobilisation de pensées et de sentiments très délicats, la nécessité de savoir saisir les occasions au moment exact où elles se présentent (la grande difficulté dont Stendhal se préoccupe). Ainsi, notant dans son journal ou dans ses papiers intimes les accidents ou les désirs de sa vie amoureuse, il est loin de se confiner dans la solitude, de se retirer de l'action pour l'enregistrer. Son écriture fait partie de cette guerre même ; elle est, au moins partiellement, soumise à l'agitation et à l'urgence de ce qu'elle décrit.

C'est là que commence à apparaître ce qui distingue les écrits intimes de Stendhal de tous les autres que nous avons examinés, malgré des ressemblances fortes (avec ceux de Constant, autre grand amateur de femmes ; avec ceux de Maine de Biran, dont Stendhal admirait l'œuvre philosophique et psychologique). Stendhal a soif de secret ; mais son secret n'a rien d'obscur, de confiné, de retiré. Quand il a recours à des pseudonymes, pour se désigner ou pour désigner d'autres personnes, ce n'est pas sans laisser quelque part dans le même texte, comme on l'a dit, la mention de la véritable identité des personnages(*). Il invente cette tension entre secret et dévoilement dont il jouera avec tant de bonheur par exemple dans *La Vie de Henry Brulard,* quand il racontera : « J'étais en pantalon de... blanc anglais, j'ai écrit sur la ceinture en dedans : 16 octobre 1832, je vais avoir la cinquantaine, ainsi abrégé pour n'être pas compris : *J. vaisa voirla5* » (*Œuvres intimes,* coll. « Pléiade », éd. Gallimard, 1982, t. II, p. 533).

Ce « pour n'être pas compris » qui vend la mèche est irrésistible. Aussi bien *Henry Brulard* est-il, pour une part, le journal de la rédaction de *Henry Brulard.* Lorsqu'une partie de son journal comporte ce que l'édition de V. del Litto (en « Pléiade ») nomme des « alibis », c'est-à-dire des men-

(*) Voir la belle étude psychologique de Jean Starobinski, « Stendhal pseudonyme », qui date de 1951, republiée dans *L'Œil vivant,* Gallimard, 1961.

songes délibérés, et qui figure souvent dans des parenthèses, c'est rarement sans que Stendhal souligne la mention « parenthèse », comme s'il voulait qu'un éventuel lecteur ne tombe pas dans le piège qui lui est pourtant tendu. Les carnets eux-mêmes comprennent souvent sur leur couverture des avertissements ou des « avis », destinés à demander à qui les trouverait de ne pas les lire, en une objurgation que nous avons peine à croire sérieuse : « Ceci n'est qu'un journal destiné à m'observer moi-même, nullement intéressant pour les autres » (« Pléiade », I, p. 517). Il vaut la peine de citer d'autres de ces textes, pour essayer de ne pas se méprendre sur leur intention, ou leur signification. Sur une couverture d'un cahier rapportant un séjour à Marseille : « LISEZ. Je n'ai pas besoin d'avertir que ce cahier, par les puérilités qu'il contient, n'est absolument fait que pour moi. Je prie en conséquence celui qui le trouverait de ne pas le lire : 1° au nom de l'honneur, 2° en celui de l'ennui inévitable qu'il lui procurerait » (I, p. 336). Sur un autre : « C'est pour moi ; si quelqu'un trouve ce cahier, je le prie de s'arrêter ici » (I, p. 346). Ceci encore, prévoyant une éventualité plus dramatique et qui laisserait l'auteur plus impuissant encore (et peut-être plus indifférent) : « Si je meurs, je prie au nom de l'honneur de brûler ce journal sans le lire. Au nom de l'honneur, Français ! » (I, p. 482).

On comprend que les interprètes (et parmi eux, les plus soupçonneux, je veux dire les psychanalystes, dont le subtil et lettré O. Mannoni, dans *Un si vif étonnement*, Seuil, 1988) aient, en lisant ces textes, soupçonné que le désir de Stendhal de cacher ce qu'il écrivait était « au fond » un désir de le dévoiler, et que Stendhal se comportait comme l'enfant qui se dissimule derrière un rideau qu'il agite, ou comme tout être humain qui commet un lapsus. Le masque ne semble-t-il pas appeler l'interprétation ? Mais peut-être faut-il d'abord imaginer dans quelles conditions précaires Stendhal, pendant ces années de jeunesse, a voulu tenir des journaux et garder pour lui ses secrets. Il n'est pas, comme Maine de Biran ou Amiel, en possession d'une résidence stable, d'une maison de famille, ou habitant à demeure d'une ville où il puisse entreposer des papiers en lieu sûr (la seule chose que craigne Amiel quant à son cher journal, c'est le feu). Stendhal va de garnison en garnison, de meublé en meublé, il vit avec des jeunes gens de son âge, aussi fureteurs et curieux que lui, il n'a pas de point fixe, ses archives et ses papiers sont dans des malles dont il salue l'arrivée à l'étape avec soulagement. Il peut très légitimement craindre que ses papiers les plus secrets ne tombent entre les mains, soit de camarades qui s'en riront, soit de supérieurs qui y trouveront des raisons de ruiner ses ambitions, soit de policiers que l'expression d'une pensée trop libre (sur Napoléon, sur la politique en général, sur la religion) alertera. Son intimité est, dès qu'elle se constitue, livrée à un espace très ouvert ; les couvertures de ses cahiers, ne couvrant rien, portent comme par avance la trace de regards indiscrets : « Avis. Si un indiscret lit ce journal, je veux lui ôter le plaisir de se moquer de moi en lui faisant remarquer que ce doit être un procès-verbal mathématique et inflexible de ma manière d'être... » (I, p. 579). On comprend que Stendhal tente d'en appeler à l'« honneur français » de ces indiscrets.

Il est néanmoins vrai que ces journaux, loin de se crisper contre cette surveillance qui les environne, l'intègrent et se comportent à son égard avec souplesse et plasticité. L'irrépressible besoin de dire, de dire le vrai, de le saisir vite, dans un croquis, une esquisse griffonnée, dans l'inflexion d'une faute de français, ce besoin compose avec les obstacles qui, en lui et hors de lui, voudraient s'opposer à la sincérité. Ce journal que quelqu'un lira forcément, que Stendhal lui-même, plus âgé et donc différent, relira un jour, doit savoir s'adresser à ses lecteurs, trier parmi eux. Lisant *Corinne* de Madame de Staël, qui l'ennuie, il en fait un critère de discrimination : « Tout homme qui ne jette pas son livre à la quatrième page, doit jeter notre gros cahier à la première ligne... N'allez pas plus loin, messieurs les bâtards » (I, p. 658). Son cahier, qui peut se retrouver entre les mains de quiconque, n'est pas sans pouvoir. Stendhal découvre peu à peu que ce qu'il écrit peut déterminer et former ses lecteurs, ou plutôt aller les chercher dans leur imprévisible indétermination. En garnison provisoire en Allemagne, à Landshut, au milieu des autres commissaires des guerres attachés à M. Daru, son protecteur, il écrit subitement : « Au reste, puisque cette feuille contient déjà des choses qui peuvent compromettre, il vaut mieux couler à fond le personnel de notre état-major » (I, p. 526). Faisant face aux indiscrets et aux espions, la phrase de Stendhal, dans un sursaut (« 30 brumaire an XIII. Je pense à 2 000 ans en avant, l'an 3805 » — I, p. 152), mobilise ses ressources pour susciter au-dessus d'elle le regard inconnu et désintéressé qui la méritera.

Ce que Stendhal découvre alors (redécouvre à chaque fois qu'il écrit) équivaut à un renversement complet de perspective par rapport à l'opposition entre le privé et le public. Sa parole privée, s'essayant dans les cahiers (dans les années mêmes où il apprend à cesser de se prendre pour le continuateur de Molière), ne chuchote pas, comme le fait celle de Maine de Biran ou d'Amiel. Elle sonne, appelle, interpelle, dans un espace libre et net, bien que parcouru de regards et de voix. En se cabrant, en se ressaisissant et se reprenant, elle libère l'espace où elle sonne, elle le désencombre. Car ce qui obère l'espace de la parole n'est pas que d'autres pensées y vivent, mais que ces pensées puissent être anticipées, qu'elles soient connaissables et surtout qu'elles coagulent en ce pouvoir de l'opinion dont Stendhal, à l'orée du XIXe siècle, commence à découvrir le poids.

Les paroles que Stendhal essaie, avec la conscience de plus en plus nette de faire autre chose qu'un journal au sens traditionnel (religieux ou historique) du terme, il les lance dans une libre indétermination, les livrant à des êtres dont il ne connaît ni ne peut imaginer le visage et les pensées, au moment même où il les dérobe à ceux, comme son père ou certains de ses compagnons, qu'il pense connaître trop bien. Sa phrase « bavarde », suscitant une attention inconnue autour d'elle : « N'ayant rien à faire, et obligé d'être à une table la plume à la main, je bavarde comme d'autres fument » (I, p. 536). Sur le même ton, il écrit bien plus tard (en 1835) au début de *La Vie de Henry Brulard* : « N'étant bon à rien, pas même à écrire des lettres officielles pour mon métier [c'est l'époque de son consulat à Civita-Vecchia], j'ai fait allumer du feu, et j'écris ceci, sans mentir j'espère, sans me faire illusion, avec plaisir comme une lettre à un ami. Quelles seront les idées de cet ami en 1880 ? Ceci est nouveau pour moi ; parler à des gens dont on ignore absolument la tournure d'esprit, le genre d'éducation, les préjugés, la religion ! Quel encouragement à être *vrai*, et simplement *vrai*, il n'y a que cela qui tienne. Benvenuto [Cellini] a été *vrai* et on le suit avec plaisir, comme s'il était écrit d'hier... » (*Œuvres intimes*, coll. « Pléiade », éd. Gallimard, t. II. p. 536-7).

Remarquable est le mot de « préjugés » : Stendhal ne cherche pas un lecteur sans préjugés, mais un dont il ne connaisse pas les préjugés (il ne s'abandonne pas à l'illusion de penser que viendra une époque dégagée de tout préjugé). Là est la liberté et la vérité de son style, et le journal intime, dans sa clôture non hermétique, en aura été le laboratoire. Il le sent, il le sait, son style se fait sous des regards et en s'émancipant d'eux. Il l'anticipe : « La gravité, la gravité... Mon style aura un caractère particulier en se moquant un peu de tout le monde, sera juste, et n'endormira pas » (I, p. 508). C'est ainsi qu'il faut lire, toute suspicion à part, le texte que relevait O. Mannoni (*Un si vif étonnement*, p. 49-50). Il s'agit d'un passage du *Journal* de 1811, un journal assez rédigé, *A tour through Italy*. Stendhal retrouve Milan et écrit, le 8 septembre : « Dirai-je ce qui m'a ému le plus, en arrivant à Milan ? (On va bien voir que ceci n'est écrit que pour moi.) C'est une certaine odeur de fumier particulière à ses rues » (I, p. 736). Il y a certes une comique contradiction dans les termes entre « on va bien voir » et « écrit que pour moi » ; mais elle s'efface dès que l'on se représente la vivacité d'esprit de Stendhal, son aptitude au dédoublement et à l'auto-observation, dès que l'on comprend qu'il s'agit pour lui, quand il note les choses, de noter les moments, précisément, où il était assez maître de lui pour s'observer. On sait de reste (voir par exemple les analyses de J.-P. Richard sur la différence entre « sentir » et « percevoir » chez Stendhal, dans *Littérature et sensation*) que Stendhal peint le mieux en lui-même ce qu'il ne sent pas avec trop d'intensité, et surtout « le *factice*, le *joué*... On se voit aller en *jouant*, on a la *perception*... » (I, p. 267 ; ce texte est commenté aussi par Starobinski dans l'article cité plus haut).

On a beaucoup parlé des *happy few* auxquels Stendhal destinait son texte, des lecteurs futurs (situés à des dates diverses, certains encore très en avant de nous) qu'il élisait. Chaque époque, en l'occurrence, se croit sottement élue par Stendhal, quand il voulait plus vraisemblablement faire échapper son texte à l'emprise (en lui-même) de sa propre époque. Mais le journal intime est pour lui l'atelier d'un autre travail d'indétermination, plus radical encore, et dont ses livres ultérieurs sauront tirer profit. Le journal, c'est ce que nous ne lisons que par hasard, ce qui ne nous était pas destiné et a donc failli nous échapper, comme nous échappent sans doute d'autres papiers du même auteur, peut-être plus savoureux encore, de même que dans ce papier même une part du sens nous est peut-être encore dérobée (le *Journal* d'Amiel, par sa quasi-complétude, par son caractère explicite, prive ses lecteurs de cette stimulante incertitude).

Les cahiers intimes de Stendhal ne sont pas conçus comme un ensemble, malgré un début solennel qui est sans doute déjà une répétition : « Milan, le 28 germinal an IX [18 avril 1801]. J'entreprends d'écrire l'histoire de ma vie jour par jour. Je ne sais si j'aurai la force de remplir ce projet, déjà commencé à Paris... » (I, p. 3). Le texte est suspendu à la quotidienne décision de le poursuivre — ou de l'interrompre, ou de le détruire. Il vise et atteint son lecteur au-dessus d'un vide, d'une série de décisions et d'aléas glacés, et ludiques. On se souvient de la façon dont le premier chapitre de *La Vie de Henry Brulard* joue de ces possibles, les évoque, leur demande de donner à son texte leur force de néant : « Voici le raisonnement qui m'a rassuré à l'égard de ces mémoires. Supposons que je continue ce manuscrit [première menace sur son existence] et qu'une fois écrit je ne le brûle pas [deuxième menace] ; je le léguerai non à un ami qui pourrait devenir dévot ou vendu à un parti... [troisième menace]... Voici donc un libraire qui après moi reçoit un gros volume relié de cette détestable écriture... si la chose lui semble ennuyeuse [nouvelle menace], si personne ne parle plus de M. de S[tendhal], il laissera là le fatras qui sera peut-être retrouvé deux cents [ans] plus tard comme les *Mémoires* de Benvenuto Cellini » (I, p. 535).

Par ces phrases le lecteur est transformé. Une partie de lui s'éveille, qu'il ne connaissait pas ; et nombre de ses certitudes sont ébranlées, à tout le moins suspendues. Pour obtenir cette légèreté, dont il a eu très tôt le talent et dont le journal a été le champ d'exercice (il lui a fallu longuement exercer son naturel, sa spontanéité), Stendhal, réinventant le journal intime en même temps que Maine de Biran, que Benjamin Constant, a uni la tradition religieuse et sérieuse de l'examen de soi à l'inspiration française la plus libertine. Il a fait entrer dans le silencieux confessionnal le tumulte de voix que l'on entend par exemple dans les *Journaux* de Marivaux (un auteur que Stendhal n'aimait pas trop). Rappelons que ces « journaux » (*Le Spectateur français, L'Indigent philosophe,* cf. leur édition par F. Deloffre et M. Gilot chez

Garnier, 1969) sont des textes publics, publiés (sur le modèle du *Spectator* d'Addison et Steele), et qui pourtant font une surprenante place à l'intimité et au domaine privé. « J'ai près de soixante ans, et il y en a trente-cinq que je n'ai pas passé un jour sans écrire quelques réflexions qui me sont venues sur-le-champ... Je ne me souviens point qu'en les écrivant j'aie jamais songé qu'elles seraient lues, sinon à présent qu'apparemment j'y songe, puisque je m'avise d'avertir que je n'y ai point songé » (*Le Cabinet du philosophe*, 3ème feuille, éd. citée, p. 351).

Marivaux est si subtil, qu'il semble qu'il n'avance des pensées que pour le plaisir quasi désintéressé de voir comment elles se tiennent ; mais n'est-il pas frappant qu'il fasse sentir comment le public est logé au cœur même du privé, comment l'intimité est paradoxalement peuplée ? « Cependant pourquoi les ai-je écrites ? » continue-t-il. « Est-ce pour moi seul ? Mais écrit-on pour soi ? J'ai de la peine à le croire. » De même, Marivaux (dans *L'Indigent philosophe*) invente d'indéterminer le lecteur, de suspendre son identité : « Voulez-vous gager que mes rapsodies trouvent des imprimeurs, et que vous les lirez ? Si ce n'est vous, ce sera un autre, et c'est à cet autre à qui je parle » (p. 283). Autre que lui-même, le lecteur de Marivaux ? C'est qu'il s'agit de lui délier l'esprit, de le déloger aussi de l'assurance bête qu'il ne manque pas d'avoir, croyant savoir qui il est. On dirait qu'il ne manque à Marivaux que d'avoir lu les idéologues, et d'avoir fait campagne sous Napoléon, pour être Stendhal. Et c'est dire qu'une des sources du journal intime, la plus profane, est sans doute à chercher du côté des journaux publics et du journalisme littéraire, cette invitation lancée à quiconque à entrer dans le secret de la pensée d'un auteur.

Dès Lavater, on avait vu un journal intime livré au public à peine était-il fini d'écrire. Il s'agissait d'édifier ce public, de lui donner le goût de la vérité, de l'entraîner, et cela en lançant hardiment un pont entre l'intime et le public, en quelque sorte par-dessus l'abîme qui les sépare pour les constituer, mais sans le combler. Autant dire que si entre la vie intime d'un homme et celle de son voisin, il peut et doit y avoir un mur infranchissable, il n'est pas impossible que cette vie intime communique avec d'autres vies intimes, *au loin*.

Avec Stendhal, ce sentiment devient très fort. Quiconque lit *La Vie de Henry Brulard* (ce ne fut évidemment pas le cas des contemporains de Stendhal), et en est charmé, a l'impression forte de recevoir dans son monde privé communication non indiscrète d'une autre vie privée. Cette exceptionnelle réussite, Stendhal l'a méritée, il s'est exercé au long de ses journaux à trouver le ton juste, à inventer la désinvolture et le négligé, le naturel, dont Marivaux justement savait qu'il est lui aussi un habit : « Le négligé, par exemple, est une abjuration simulée de coquetterie; mais en même temps le chef-d'œuvre de l'envie de plaire » (*Lettres sur les habitants de Paris*, éd. citée, p. 28). Or, c'est justement dans les papiers intimes d'autrui (par exemple dans les lettres de Voltaire, de Henri IV, dans la correspondance entre Madame du Deffand et Horace Walpole, que Vigny aussi aimera), selon Stendhal, « qu'il faut étudier la naïveté... Etudier la naïveté? Oui; lorsque, comme hier, je ne me porte pas très bien, que j'ai des idées fines et en même temps que je sens, mon âme étudie la naïveté, apprend à la sentir » (25 [brumaire an XIII], I, p. 147).

Le *Journal* de Stendhal fut publié pour la première fois en 1888 chez Charpentier, par C. Stryienski et F. de Nion, puis dans une édition intégrale dans les *Œuvres complètes*, chez Champion (1923-1934). Cette publication correspondait-elle au vœu de Stendhal, ou lui faisait-elle totalement violence? Pour rester dans l'esprit de la question, il faudrait se demander non pas ce que penserait de la publication de ses journaux Stendhal s'il était encore vivant (il serait évidemment horrifié que l'on expose tant de ses secrets, et surtout les secrets de son art de vivre et d'écrire), mais ce qu'il en pense mort, et regardant notre époque depuis le belvédère de son œuvre. Alors on peut répondre avec certitude qu'il serait ravi que soient publiées jusqu'aux dernières bribes, quelquefois illisibles, de ces pages qu'il nous destinait, sans avoir jamais pensé à les publier lui-même telles quelles (car il ne manquait pas de passerelles, bien sûr, entre ses journaux et l'œuvre qu'il entendait publier). Ce qu'il aimait dans l'intimité n'était pas qu'elle fût dérobée aux regards, mais qu'elle donnât la possibilité d'étudier le naturel, de le mettre en œuvre. Ces secrets n'ont plus lieu de l'être.

Stendhal n'est pas vraiment un auteur de journaux intimes.

Stendhal ne renâcle pas à écrire, et à plusieurs moments de sa vie c'est chaque soir qu'il revient sur les événements de la journée, sur les émotions ressenties. Pourtant, on sent bien qu'il est d'une autre espèce que les diaristes, qu'il vise autre chose, que c'est une sorte de malentendu qui le met en leur compagnie.

D'un côté, il sent peser sur lui la nécessité de tenir un journal. Cette nécessité est repérable historiquement avec une certaine précision, nous l'avons déjà vu peser sur Maine de Biran : elle vient d'une pensée laïque (même si elle hérite sans le dire de plusieurs siècles d'observation de soi chrétienne), qui considère que l'homme moderne, pour devenir maître de lui-même et de ses émotions, doit tenir un compte journalier de ce qu'il éprouve et des circonstances de sa vie.

Stendhal reçoit cette injonction de diverses sources. Observons d'abord que les écrits du chevalier Jullien (Marc-Antoine), inventeur en 1813 (à Milan, justement), du « Mémorial horaire ou thermomètre d'emploi du temps » que nous avons mentionné à propos de Maine de Biran, ne lui sont pas inconnus. Mais les injonctions de l'examen de soi lui parviennent surtout, on le sait, par les penseurs « idéologues » (Destutt de Tracy, Maine de Biran justement) ou par les philosophes écossais qui les ont inspirés: « 16 mars 1812. Journal. Bonne habitude à prendre. Ecrire chaque jour les pensées ou observations marquantes de la journée. Ordinairement je suis trop fatigué, le lendemain tout est affaibli, et écrire empêche d'agir. Dugald Stewart qui donne ce conseil me réveille » (I, p. 823). Dugald Stewart ne le réveille que très temporairement, et pas au point d'affermir en lui une décision typiquement velléitaire (cette note marque même un des derniers essais de journal continu de Stendhal).

Aussi bien doit-on noter que son journal, à certains moments de sa jeunesse quotidien et abondant (ainsi au début 1805, à Paris, quand il fait la cour à Mélanie Guilbert dite Louason), s'interrompt souvent pour de longues périodes et qu'il est aussi irrégulier dans sa matière que dans sa périodicité. A plusieurs reprises ce sont les circonstances d'un voyage, d'une campagne militaire, d'une aventure amoureuse dont le succès se fait attendre, qui stimulent son zèle de diariste en lui donnant en quelque sorte l'unité d'un thème, d'une préoccupation, d'un cadre, d'une situation dont il se plaît à observer les finesses.

En d'autres termes, Stendhal répugne visiblement à tenir un journal sur rien, alors que nous avons plusieurs fois noté que le journal intime moderne par excellence, c'est justement celui qui ne porte sur rien, et donc porte sur la mélancolie et la tristesse de sentir filer la vie, sur le rien ou l'inconsistance du sujet, abstrait de toutes circonstances et de toute action. D'ailleurs, ce qui nous est présenté par V. del Litto sous le nom de « journal » dans une grande partie de l'édition de la Pléiade en deux volumes, n'est en réalité qu'un journal « reconstitué », selon les propres termes de l'érudit stendhalien, à partir de « marginalia », de notes prises par Stendhal dans les marges de volumes de sa bibliothèque, ou sur des feuilles séparées, et que l'édition moderne rassemble et classe lorsque des dates ont été notées ou peuvent être inférées, donnant ainsi l'impression, malgré les avertissements dans les notes en fin de volume, que Stendhal n'a cessé de tenir journal, alors qu'à partir de 1813, et surtout de 1818, il s'est contenté de ces notes dispersées. Un grand nombre d'entre elles, qui plus est, sont publiées à part, sous le titre également trompeur de « Journal littéraire » (parce qu'elles traitent de littérature, de projets d'écriture, de lectures), aux tomes XXXII à XXXIV de l'édition des *Œuvres complètes* (Cercle du Bibliophile, 1970).

Occasion de s'apercevoir que le cahier ou le carnet dans lequel quelqu'un note ses réflexions au jour le jour est plus qu'un support commode : c'est le gage de l'unité d'une préoccupation qui, parce que son objet se rassemble dans des pages tenues ensemble, ne cesse de se concentrer, de revenir sur soi, de se capitaliser et de ruminer. Amiel, en ce sens, aura été le premier éditeur de son *Journal.* Stendhal, lui, refuse de plus en plus cette unité. Son intérêt est ailleurs : du côté du « style », de la « vérité » (qui n'empêche pas les inexactitudes et les mensonges), de « l'étude de l'homme ». Chaque fois qu'il relit ses cahiers, Stendhal les annote brièvement, pour approuver la vérité d'un trait, la justesse d'une orientation (« Je relis ce cahier le 10 janvier 1806, à Marseille ; il me paraît remplir assez bien son but », I, p. 112) ou au contraire pour se moquer d'une pose (« Quand je relis ces mémoires, je me siffle souvent moi-même ; ils ne rendent pas assez mes sensations », I, p. 118 ; « On sent encore dans le commencement de ce cahier le pédant de la rue d'Angivilliers », I, p. 335).

Il écrit ainsi un journal qui s'empile sans rien capitaliser, qui se modèle sur la mobilité de sa vie et de son caractère plutôt que de méthodiquement s'astreindre, comme le veulent les maîtres moralistes, à la discipline régulière du calendrier. On pourrait dire que Stendhal, à la différence de Maine de Biran, s'intéresse moins à la variabilité de son moi, conçue sous forme de l'évolution continue d'un paramètre, qu'aux sautes brusques, aux différences nettes, aux distances entre lui et lui-même dans l'ordre du temps (de même que, nous l'avons vu, son écriture est aimantée par les différences qu'il anticipe dans l'état de l'esprit humain à différentes époques de l'histoire à venir). S'il écrit pour se relire, il se relit sans plaisir, sinon celui de s'échapper à lui-même, à la tristesse de n'être que soi : « 25 juin 1805. Je relis la plupart de mes cahiers... Ils m'ennuient et me rendent triste » (I, p. 334). Il anticipe sa relecture, et la regarde : « J'en veux faire absolument mon amie. Je rougirai en lisant ceci dans un an, si je découvre que ce soit une fille ; mais pourquoi rougir ? » (11 février 1805, I, p. 212). Ce personnage qu'il sera, plus sage ou plus rassis, ne sera pas meilleur juge. Il sera seulement différent ; c'est cette différence qui le passionne (et dont la recherche suscite sans doute tous ces pseudonymes dont il s'affuble, dont il charge ses connaissances et ses proches, pour le plaisir).

Chez Stendhal, le journal accompagne la vitalité de l'homme, d'un homme qui en a assez pour prendre des notes le soir, à l'étape, dans cette époque de la vie où l'on aime à la fois dormir et passer des nuits blanches et fiévreuses. Plus tard, quand les livres à faire, précipitamment, se proposent à lui, et qu'en même temps sa santé se fait moins bonne, il renonce délibérément à ce journal qui a rempli sa fonction (rendre possible le naturel dans les écrits et dans la vie) et qui menace d'usurper une place qui ne lui revient pas. « 23 septembre 1813. Ton affaire est-elle de vivre, ou de décrire ta vie ? Tu ne dois faire de journal qu'autant que cela peut t'aider à vivre *da grande* » (I, p. 888).

Par ces paroles, le journal de Stendhal est menacé et refusé, au moment même où il s'effectue ; de la même façon il nous est donné, et dérobé. Dans un fragment séparé de son journal de la campagne de Russie en 1812, il note sa situation désastreuse : « (A 4 lieues de Slawkowo et 8 de Viazma, 60 de Moscou). Je suis au pied d'un bouleau mort, dans un petit bois plein de poussière... » Et il commente, expliquant clairement qu'il n'aime pas le journal intime : « Voilà un mal-être complet. Je n'écris pas de journal quand je suis heureux ; cette analyse indiscrète nuit au bonheur, mais aujourd'hui je n'ai rien à perdre » (I, p. 827). Et ses plus grandes réussites, les plus exquis moments de bonheur qu'il nous donne n'appartiennent pas au domaine du journal intime, mais nous renvoient à l'écriture de Stendhal, dont ses romans et textes autobiographiques nous ont donné le goût ; telle cette légère description d'un pique-nique (oui, on employait le mot) avec Mélanie près de Marseille, en novembre 1805 : croquis, schémas pour montrer la position des divers personnages dans les prés, analyse des manières des deux partenaires, restitution de leurs paroles, de leurs scrupules, de leurs ruses, de leurs élans... (I, p. 354-357). Tout cela est certes plein d'âme, mais l'âme comme problème lancinant, matière indispensable du journal intime, est miraculeusement absente de ces pages : « A l'instant, j'ai sauté le fossé, j'ai couru de φ en P... »

Le journal, Stendhal s'en sert, mais il vise au-delà ; il cherche ce qu'il appelle quelquefois la « *sténographie* », une écriture assez rapide et assez déliée pour capter la grâce naturelle. Ainsi à propos d'un Italien qui « parlait avec tant de grâce et de comique...que j'ai souvent désiré pouvoir sténographier ce qu'il me disait ; j'ai même essayé de retenir une de ses phrases » (I, p. 728). Et la sténographie elle-même ne fait que renvoyer à une impossible correspondance entre écriture et parole, entre parole et pensée, entre pensée et sensation : « Supposons qu'un hom[me] pût parler aussi vite qu'il pense et sent ; que cet hom[me] une journée entière prononçât de manière à n'être entendu que d'un seul hom[me] tout ce qu'il pense et sent ; qu'il y eût cette même journée toujours à côté de lui un sténographe invisible qui pût écrire aussi vite que le premier penserait et parlerait... Nous aurions un caractère peint pendant un jour aussi ressemblant que possible » (*Journal littéraire*, XXXII, 431 ; cité par V. del Litto, coll. « Pléiade », éd. Gallimard,I, p. 1434). On le voit, dans cette expérience imaginaire d'espionnage consenti, la barrière qui protège l'intime semble temporairement abolie, au nom de l'intérêt supérieur de la connaissance et de l'art.

Michelet, Hugo

Pourquoi le Journal *de Michelet, même quand son auteur lui donne le nom de « journal intime », n'en est finalement pas un.*

On sent que Michelet entre mal dans la catégorie du journal intime(*). Il se fait une idée de l'« intime » qui n'est pas celle des diaristes, mais plutôt celle des historiens ou des sociologues qui étudient la façon dont l'intime varie selon les siècles, les sociétés, les milieux.

En effet s'il évoque, et avec détail, une intimité, c'est plutôt celle de sa seconde femme Athénaïs (à partir de 1849, donc dans les tomes II, III et IV) que la sienne propre. Il veut inlassablement jouir d'observer, de humer, voire de toucher et comme de savourer par la pensée les règles et les excréments de son épouse ; et s'il s'intéresse à ce qui en elle est « privé », c'est pour le partager au titre de ce qu'il nomme, selon la tradition, les « privautés ». De même,

(*) Jules Michelet, *Journal*, texte intégral, établi sur les manuscrits autographes et publié pour la première fois, avec introduction, notes et documents inédits par Paul Viallaneix, tome I (1828-1848), Gallimard, 1959 ; t. II (1849-1860), par P.V., Gallimard, 1962 ; t. III (1861-1867), par Claude Digeon, Gallimard, 1976 ; t. IV (1868-1874), par C.D., Gallimard, 1976.

lorsqu'il touche à l'une des dimensions constitutives du journal intime, celle de l'observation atmosphérique, c'est pour écrire, avec une éloquence caractéristique et bien peu « intime »: « Combien ne devons-nous pas observer les influences du temps sur l'humeur des femmes! » (14 juin 1857, t. II, p. 330). Et plus explicitement encore: « ... nous causâmes du *Journal intime* que j'ai écrit ici de toute notre vie et surtout de sa [d'Athénaïs] vie physique (l'intérieur et l'extérieur: idées, jouissances, fonctions, ce qu'elle prend, etc., qu'elle rend, enfin tout, même aussi parfois les circonstances atmosphériques qui influent tant sur l'humeur). C'est, je crois, la première fois qu'on entre dans un si grand détail. Ni le *Journal* d'Heroard sur la santé de Louis XIII, ni Montaigne, ni Rousseau, ni personne n'en a tant dit. Les indifférents ne comprendront pas qu'on ait été si prolixe, ou plutôt minutieux... Son esprit élevé qui comprend tout, même les choses les plus contraires à sa nature virginale, ne peut méconnaître l'originalité et l'utilité d'un tel *Journal intime,* que personne n'a osé faire. Cependant, il y a quelques jours, quand je lui lus quelques mots de ce qui touche sa vie physique, elle fut troublée... Je lui dis qu'elle en détruirait plus tard tout ce qu'elle voudrait, mais qu'il faudrait au moins attendre que le... Je ne lui cachai pas (hier) que j'avais noté, précisé, caractérisé chacun des moments divins que j'ai eus en elle... » (t.II, p. 355, 24 jeudi [sept. 1857]).

Le *Journal* d'Heroard, dont Michelet avait dit l'intérêt pour les historiens, représente en effet l'un des premiers enregistrements de l'intimité d'un individu (par un autre). Il fut tenu par Jean Heroard, médecin du dauphin (le futur Louis XIII) pendant 27 ans (1601-1628). Le texte des quatre premières années a disparu et seul en subsiste un condensé. Le reste est conservé à la Bibliothèque nationale et n'a connu longtemps qu'une publication très abrégée (et expurgée de tout ce qui concerne l'alimentation, la digestion, l'excrétion, le sommeil, le temps qu'il fait, les occupations de l'enfant, ses propos, les notes marginales d'Heroard, les dessins et premières pages d'écriture du dauphin), par E. Soulié et E. de Barthélemy, Didot, 1868, 2 vol.(*)

L'accès à une certaine dimension de l'intimité (celle des conditions de la vie quotidienne) pourrait être défini par le célèbre aphorisme : « Pas de héros pour son valet de chambre. » Michelet le cite, mais pour l'appliquer à Athénaïs : « Toi, tu es poétique à toute heure » (t. II, p. 435). Avec lui, le participe passé qui, chez les autres diaristes, sert à exprimer ce que le sujet a fait, à imprimer sa marque sur les choses, est la trace de la vie de l'épouse observée malgré elle : « Dormi très mal, mais le matin, détente, ce qui dut affaiblir *sa* disposition fiévreuse » (t. III, p. 143, je souligne). L'effet est étrange : ce qui habituellement donne une impression de discrétion, de rapidité courtoise, devient chez Michelet une sténographie avide.

Visiblement, le *Journal* est ici conjugal, non pas parce qu'il unirait également les deux époux saisis par un même regard, ou par deux regards croisés, mais parce qu'il est le journal de l'époux regardant son épouse. Il s'agit de violer la pudeur « virginale » (disons semi-virginale) de l'épouse, éventuellement sous les regards du public ; car les détails presque les plus intimes étaient déjà publiés par Michelet sous un voile

(*) Voici un petit échantillon du manuscrit intégral, d'après l'extrait qui en a été donné dans la *Nouvelle Revue de psychanalyse* (n° 19 [« L'enfant »], printemps 1979, p. 267-330) par Michèle David, d'après une transcription d'Hélène Himelfarb. A l'époque (29 mars 1605), le dauphin a trois ans et demi : « Le XXIXe, mardi. Éveillé à 6 heures après minuit doucement : demande à faire caca, Mme de Montglat se va à lui, d[it] *Je me moqué* : peu après levé fait caca au bassin, jaune tanné fort clair, beaucoup : remis au lit, à 7 heures et demie levé, bon visage, vêtu, fait caca au bassin, jaune tanné, fort clair, assez. Coiffé, paisible, gai : à 8 heures et demie déjeuné : potage 12 [cuillerées] : bû : en demande encore, est altéré, on lui dit qu'il boira s'il mange du pain, en mange assez pour boire... » Le texte intégral du *Journal d'Heroard* vient d'être publié sous la direction de Pierre Chaunu (éd. Fayard, 1989, 2 vol.).

transparent, et de son vivant : non seulement dans ces livres pleins de confidences gênantes (qui faisaient, dit Paul Viallaneix, « sourire ou rougir ») que sont *La Femme* ou *La Mer*, mais même dans le cadre de livres plus classiquement historiques. Tant et si bien que le livre de Roland Barthes sur Michelet, qui relève les obsessions sexuelles et en général physiques les plus cruciales de l'écrivain, a pu être rédigé par le critique en 1954, à une époque où le *Journal* de Michelet n'était pas publié dans sa version intégrale non expurgée (cette publication a commencé en 1962). Barthes écrivait (p. 111) : « On le sait, Michelet n'a pas épargné ses déclarations sur "la crise d'amour qui constitue la femme, ce rythme divin qui, mois par mois, lui mesure le temps" ; et il est à peu près sûr que son journal inédit n'a pas d'autre thème. » Cette déclaration est un peu excessive ; mais elle montre combien ce journal inédit était d'ores et déjà transparent, parce que la teneur en était connue pour l'essentiel par des textes publiés par Michelet.

Ce *Journal,* Michelet a voulu que sa femme en soit propriétaire (« Ma vie intime est partout mêlée à ma vie d'étude. Tous mes papiers, lettres, journaux appartiennent à ma femme seule, qui seule peut les lire, les trier, décider de ce qui pourrait être publié », testament de 1865). Cette dernière n'a pas refusé ce don, et elle n'a pas hésité, choisissant en effet ce qui pouvait être publié, à corriger et quelquefois à rédiger elle-même certains des textes qu'elle livrait au public (cf. la préface de P. Viallaneix au tome I de l'édition intégrale). Posons au passage la question : un journal intime peut-il être ainsi la propriété d'un couple ? N'est-il pas au contraire, ne doit-il pas être lié à un individu seul (et éventuellement à son Dieu) ? Mais que penser alors du *Journal* de Charles Du Bos, dicté par son auteur, partagé avec sa femme (et d'ailleurs édité en partie par elle après la mort du célèbre critique) ? Il est vrai que le *Journal* de Du Bos ne se présente pas comme un journal intime, mais comme le complément de l'œuvre du critique, qui regarde se faire en lui-même le travail de lecture et de réflexion, et donc un journal tout entier centré sur l'activité (intellectuelle) de son auteur, alors que le journal intime semble avoir partie liée avec la passivité essentielle, fénelonienne, d'une âme.

En réalité, ce qui constitue le journal intime, et qui peut varier selon les auteurs, selon les diaristes, c'est la sincérité d'un texte qui se consacre à la vie d'une âme (quelles que soient les confidences partagées, quels que soient les intermédiaires entre ce texte et le public, si ce dernier finit par le recevoir). Or, dans le cas de Michelet, le *Journal* est rarement celui de Michelet ; ou plutôt, il se consacre rarement à l'intimité, à l'âme de son auteur, qui est destinée à se déverser ailleurs. « J'ai jeté ma vie à pleines mains dans mon livre », écrit-il en avril 1843, « dans mon cours [au Collège de France] ma vie intime » (t. I, p. 502). Soit le *Journal* enregistre les actes de l'écrivain (ses lectures, ses voyages, ce qu'il écrit, les visites qu'il reçoit), soit il comporte des ébauches de textes destinés à la publication, historiques ou informatifs, voire politiques, soit il se consacre à la vie intime de l'épouse, au sens que nous avons dit.

Une circonstance aurait pu amener Michelet dans la voie royale du journal intime : il souffrait constamment de divers maux physiques — migraines, vertiges, insomnies, maux de ventre. Il les note, mais sans savoir que leur faire dire. De même, rares sont les moments d'abattement, source favorite d'inspiration des diaristes, dont il tire parti (l'anniversaire de la mort de son père, en novembre 1847, ne lui arrache que quelques lignes). C'est pourquoi, malgré sa richesse et son grand intérêt, on a peu de scrupules à récuser ce *Journal*, pour l'essentiel en tout cas.

Michelet, finalement, paraît si tourné vers l'extérieur, si actif, qu'il semble considérer sa vie et son esprit comme des lieux de création avant tout ; il envisage donc d'utiliser son *Journal* pour constituer quelque chose comme des Mémoires, doués d'une valeur historique. Le journal est pour lui un réceptacle d'informations, plus que le terrain d'une expérimentation sur soi : « Ce journal aura un grand avantage, c'est que ma vie ne se perdra pas pour moi et que je la retrouverai jour par jour, avec mes sentiments, mes pensées, mes actions » (note du 4 mai 1820, citée par P. Viallaneix dans l'Introduction du tome I). Voir aussi ce qu'il écrit en 1834, aux débuts de son *Journal* (ou de ce que nous en avons conservé, après le vandalisme exercé par l'historien lui-même, ou par sa seconde épouse) : « Si je me décide tôt ou tard (et ce sera tard) à résumer les souvenirs de mon existence individuelle, de l'époque de ma vie où je ne vivais pas encore de la vie générale, je prendrai pour centre, pour texte, pour théâtre, le Père-Lachaise... Ce seraient des mémoires, mais dégagés en partie des petitesses de l'individualité... Le progrès de la vie de l'auteur ne pourrait-il pas même marcher, jusqu'à un certain point, de front avec la marche des événements individuels et généraux ? » (t. I, p. 120).

On le voit, ce qui importe avant tout à Michelet, même quand il considère sa vie privée, c'est la façon dont elle s'inscrit dans le ou dans les temps historiques. Alors que, pourrait-on dire, le journal intime, lui, se meut dans un temps qui lui est propre : un temps où rien n'évolue, où le vieillissement même ne fait que révéler ou exacerber une dimension du moi qu'il a toujours possédée. Le journal intime est lié au temps, mais sous la forme du calendrier, qui est une représentation fixe du temps, saisi moins dans sa fluence que dans ses aspects cycliques, dans sa capacité à faire retour sur soi. Et lorsque Michelet évoquera un peu plus loin l'un des monuments du Père-Lachaise qui l'ont le plus frappé, celui de Benjamin Constant, c'est pour évoquer l'homme politique, l'auteur de l'*Essai sur la religion*, mais ni bien sûr l'auteur des *Journaux intimes* qui à l'époque n'étaient pas publiés, ni même l'auteur d'*Adolphe*, ce roman si important pour comprendre la qualité du regard sur soi qui constitue le journal intime. Michelet ne se sent nullement en continuité avec cette dimension de la littérature.

Notons d'ailleurs que Michelet prévoit que la postérité, comme elle continuera à s'intéresser à l'*Histoire de la Révolution française*, pourra vouloir prendre connaissance du *Journal* de son auteur ; et cette pensée permet de comprendre comment Michelet, dans ses évocations les plus intimes, s'adresse toujours à un public, s'efforce de le convaincre, de lui expliquer les choses, de le guider — voire même le provoque. Le journal intime, pourrait-on dire, répond au contraire au sentiment qu'une vie éprouve d'être regardée ou d'être visible, que ce soit par le regard souverain de Dieu ou par cette lumière abstraite qu'est l'humanité, mais il ne regarde pas ce regard, il se soumet à lui.

Maints passages du *Journal* de Michelet apostrophent le lecteur : « Que l'avenir les voie, s'il le veut, ces pages naïves avec les faiblesses, les tendresses, un peu molles souvent, qu'on y trouve » (27 février 1849, t. II, p. 24). Cette expression montre l'écrivain continuant, comme en un fantasme, à surveiller son lecteur le lisant, à regarder par-dessus son épaule, à éclairer sa lecture. Tous les mots y sont portés par cet énorme effort de divulgation, grâce auquel Michelet garde constamment l'initiative.

Paul Viallaneix, en ce sens, a bien raison d'écrire prudemment que « si le *Journal* peut être qualifié d'intime, c'est moins encore par son contenu que par la discrétion avec laquelle il fut tenu », à condition de se souvenir que cette discrétion ne concernait pas, ou pas toujours, Athénaïs, à qui souvent le journal était montré dès que rédigé. Athénaïs, d'ailleurs, encouragée par son époux, livra une partie de sa vie au public, dans ses *Mémoires d'une enfant*, parus en 1866, que la presse de l'époque ne manqua pas de comparer au *Journal* d'Eugénie de Guérin, et aux *Récits d'une sœur*, de Mme Craven, née Pauline de La Ferronays (sur lesquels voir Philippe Ariès, *L'Homme devant la mort*, t. 2, coll. « Points », éd. du Seuil, 1977, p. 121-141). A comparer les pages écrites par Athénaïs ou par Michelet avec les mémoires d'Heroard, on jugera finalement que le médecin du XVIIe siècle, avec sa franchise sans détours, avec aussi l'affection dont il ne se défendait pas pour le petit garçon dont il avait la charge, a su mieux que l'historien du XIXe trouver la voie de l'intimité.

Comme j'ai posé, et tranché, la question de recevoir ou non le journal intime de Michelet, je dois le faire pour les papiers intimes de Victor Hugo..

Quand on regarde un volume (par exemple 1830-1846, « Folio ») des *Choses vues*, que lit-on ? Selon Hubert Juin, qui a préparé l'édition, il s'agit d'un ensemble composite de textes : une partie de l'édition de 1913 (par Gustave Simon) de *Choses vues* ; des fragments du *Journal*, 1830-1848, éd. Henri Guillemin, Gallimard, 1954 ; du *Journal de ce que j'apprends chaque jour*, éd. critique par René Journet et Guy Robert, Flammarion, 1965 (pour la période de juillet 1846 à février 1848) ; des *Souvenirs personnels* (1848-1851), éd. Henri Guillemin, Gallimard, 1952 ; des *Carnets intimes* (1870 et 1871), éd. Henri Guillemin, Gallimard, 1953. Fragments datés et non datés sont mis sur le même plan, et ce « Journal » est en grande partie artificiel : Hugo n'avait rien conçu de tel, ni pour lui-même, ni pour le public (cela n'est évidemment pas, dans mon esprit, une critique de l'édition dont je parle, mais vise à établir quelle est la situation de ces textes de Hugo par rapport à la catégorie de « journal intime » telle que je cherche à la dégager, à la stabiliser autant que possible).

Sur le fond, on pourrait commenter ce « journal » de la même façon que l'on a commenté celui de Michelet : il est une préparation ou un appendice à l'œuvre du poète, il est constitué de textes dans lesquels Hugo s'adresse à son public, et nullement à lui-même. C'est sa qualité, en même temps que ce qui le distingue des textes que nous étudions ici. Les notations de Hugo sont passionnantes, pittoresques, aiguës. Les récits qu'il rédige sont alertes, ses réflexions éloquentes ou profondes ; mais l'homme Hugo ne s'y expose pas à l'examen de soi caractéristique du journal intime. Même une notation très personnelle, apparemment très mystérieuse, comme celle du 4 septembre 1846 (« Il y a aujourd'hui trois ans... hélas ! ») se déchiffre aisément (c'est l'anniversaire de la mort de Léopoldine, événement autour duquel Hugo a su organiser un deuil littéraire national) et se distingue mal des poèmes personnels rassemblés dans *Les Contemplations* : le poète semble s'y adresser au public autant ou plus qu'à lui-même. Un récit de rêve (« dicté le 14 novembre » 1842) ? Lui aussi est destiné à un lecteur (« Cet endroit m'était connu, je le répète... »), il est centré sur la figure du duc d'Orléans, Hugo y est peu présent, et il a une valeur démonstrative : il sert à mettre en évidence de troublantes coïncidences, en particulier autour du chiffre 13. Un rêve n'est pas obligatoirement plus intime qu'un autre événement psychique, après tout. Quant aux célèbres notations par Hugo de ses aventures sexuelles ici ou là, chiffrées ou déguisées, et qu'il consignait dans ses divers carnets (« carnets de comptes », « carnets d'esquisses »), elles se rapprocheraient extrêmement, n'était leur sécheresse comptable, des notations que l'on trouve chez Benjamin Constant ou chez Stendhal. Mais justement, Hugo s'en tient là et ne juge pas utile de s'examiner plus avant, voire de se relire.

Vigny

Il existe un journal d'Alfred de Vigny, qui comprend même, comme celui de Benjamin Constant ou comme les *Note-books* de Coleridge, des passages écrits en caractères grecs. Pourquoi sont-ils ainsi chiffrés, et à qui Vigny voulait-il en rendre la lecture difficile ? Qu'y avait-il de compromettant, de secret, de précieux dans la notation suivante : « Au ton et au son de voix des jeunes gens actuels et à leur tournure, on dirait des paysans déguisés en dandys » (coll. « Pléiade », éd. Gallimard, par F. Baldensperger, t. II, 1948, p. 1136).(*) La pensée est brillante, aiguë : on aurait plutôt envie de la publier que de l'enfouir dans un journal intime.

Mais ce journal est-il, justement, « intime » ? La question n'est pas simple. Pour une part, ce journal ressortit à une autre catégorie que celle de l'intime : on a là des carnets de notes, des considérations, souvent précédées d'un titre qui montre bien que ces pensées (Vigny aimait lire Chamfort, Joubert) ont tendance et peut-être vocation à se détacher les

(*) Une nouvelle édition de la Pléiade est en préparation, qui comportera les Journaux dans son tome III, avec quelques fragments supplémentaires et surtout un texte plus sûr.

unes des autres. D'autres passages sont du domaine de la chronique, par exemple le récit, conçu par Vigny comme formant un tout, de ses visites de candidature (à partir de 1842!) avant son élection à l'Académie en 1845: ce qui l'emporte là, ce sont les portraits de personnages célèbres ou les scènes, romanesques ou dramatiques. Toutes les entrées ne sont pas datées, mais beaucoup le sont et permettent de reconstituer une chronique, par exemple pour les journées révolutionnaires de 1830, depuis le « mardi 27 juillet. Aujourd'hui commencent les soulèvements populaires », jusqu'au « samedi 31. Donc, en trois jours, ce vieux trône sapé! » (p. 910-912). Sans oublier qu'il s'agit là avant tout du *Journal d'un poète*, pour reprendre le titre que Louis Ratisbonne, exécuteur testamentaire de Vigny, avait donné au choix qu'il publiait en 1867 chez Michel Lévy: il y est beaucoup question de littérature et de littérateurs, et surtout d'œuvres à faire, de poèmes en chantier, de projets: « 29 octobre [1840]. *De mes ouvrages.* — Si je n'ai pas le temps de brûler mes papiers que je garde par je ne sais quelle commisération ridicule et pour me moquer de moi-même en les relisant, mon inventaire [après décès] sera la chose du monde la plus plaisante pour mes amis, quand ils verront la quantité de livres commencés et abandonnés » (p. 1144).

Texte précieux, puisqu'il marque en quelque sorte l'entrée du domaine intime, et l'hésitation qu'éprouve Vigny à s'y engager. L'intime, ce sont ces papiers que l'on garde pour soi, et que vos proches risquent de découvrir ensuite: on notera que Vigny anticipe sur le ridicule auquel il s'expose, comme s'il voulait rire le premier, désamorcer ce rire futur. Il prend soin de noter l'un de ces nettoyages préalables dès 1832: « Etant malade aujourd'hui, j'ai brûlé, dans la crainte des éditeurs posthumes, une tragédie de *Roland*, etc. » (p. 950). D'ailleurs, en léguant ses papiers au fidèle Ratisbonne, il prenait l'initiative ou la gardait: de même que dans tous ces fragments il semble diriger sa pensée et son écriture, sans jamais à proprement parler se laisser aller, de même l'édition posthume était en partie sous sa responsabilité.

Pourtant : des entrées datées, une forte tentation de rédiger plusieurs fois son autobiographie. Les conditions d'un journal intime semblent réunies. D'ailleurs il se propose, en 1832, d'« écrire mes mémoires. J'irai de ma naissance à cette année, puis je commencerai un journal qui ira jusqu'à ce que la main qui tient cette plume cesse d'avoir la puissance d'écrire. Je suis né à Loches, etc. » (p. 959). Et l'aptitude à s'observer semble chez lui aussi forte que la propension à le faire : « 14 août [1856]. Rien en moi ne suspend, n'arrête, ne trouble cette invincible *attention* intérieure de mon esprit à sonder, interroger, analyser, étudier ce que je fais, ce que l'on me fait, ce qui m'arrive, ce que l'on me dit... » (p. 1341).

« Attention intérieure », l'expression est étrange ; on note cependant que dans cette opposition entre l'extérieur et l'intérieur, l'intime n'a pas de place. Une entrée de 1858 permet de mieux saisir la nuance : « 20 février, à deux heures après minuit. *De la pensée pure*. — La pensée seule, la pensée pure, l'exercice intérieur des idées et leur jeu entre elles, est pour moi un véritable bonheur » (p. 1337). L'intérieur est ce qui n'a pas besoin d'être exprimé, extériorisé dans le langage ; l'intime du journal intime, n'est-ce pas au contraire ce que l'on éprouve le besoin d'extérioriser pour soi (ou pour un cercle d'intimes que l'on cherche à former, comme le faisait Lavater) ? Vigny n'observe pas ce qu'il est, ce qu'il est dans son être intime, mais ce qu'il fait ; de même, le jeu « intérieur » de ses pensées constitue selon lui une sorte d'écriture intérieure silencieuse, dont on peut même se demander si elle passe par le langage. « 6 novembre [1856]. *De moi-même*. — Je ne me sens pas maître de ne point écrire. Nuit et jour, même à travers le sommeil, j'écris un livre intérieur. Le tracer sur le papier est un repos, quelque chose comme une saignée » (p. 1326).

L'impression que donne souvent Vigny d'être immobilisé

dans une pose est sans doute superficielle ; il y a en lui ce frémissement continu, une émotivité vibrante mais tenue à distance, cependant que son intellect travaille au point d'en être douloureux (une saignée d'écriture le soulagerait). En ce sens, les fragments livrés par le *Journal*, s'ils montrent que Vigny a refusé la voie du journal intime, font voir aussi qu'il avait conscience de l'existence en lui d'un domaine qui en aurait justifié la rédaction. « Novembre [1852]. — Je sentais en moi dès l'enfance une abondance de tendresse incroyable et l'expansion de ses témoignages trop ardents et de ses émotions trop vives s'échappait malgré moi en toute occasion. Il me fallut prendre à seize ans le masque froid du monde. Il me fut enseigné par une femme qui m'aimait (Madame de M.) » (p. 1288). La description n'a pas qu'une valeur narrative : on sent que Vigny cherche à (se) convaincre qu'une certaine dimension de la vie de l'âme lui est désormais retirée, sans avoir pour autant été détruite. De même quand il écrit : « *De moi-même.* — Je fus si opprimé dès l'enfance que mes sentiments et mes idées effarouchés se sont retirés pour toujours dans le fond du cœur et du cerveau et dans la moelle de l'âme, dans les retraites les plus profondes du cœur » (p. 1280).

Une sensibilité enfouie, le bourdonnement constant d'une pensée active mais presque hors d'atteinte et réticente à s'exprimer, et par contraste une présence au monde que Vigny décrit en termes quasi stendhaliens : « Je me sens puissamment organisé pour la volupté physique » (1833, p. 980) ou encore : « Je ne me sens jamais de spleen : j'ai trop de vie et d'activité de cerveau pour cet abattement... » (17 août 1832, p. 962). S'analysant (parce qu'en ce moment-là il est un problème pour lui-même, et que donc il s'engage un peu dans la voie du journal intime), Vigny se déclare rivé au présent : « *Rêverie. — Examen de conscience.* Je suis si impressionnable que la chose présente m'occupe avec une ardeur qui ressemble à de la passion. A l'instant, le passé s'efface ainsi que l'avenir devant l'instant présent » (p. 1284). C'est donc qu'entre cette absolue présence au monde et la vie intérieure méditative, animée par la vibration sourde du sentiment enfoui, il y a une opposition, une incompatibilité. A certains moments, Vigny semble revendiquer d'être les deux à la fois : « Il y a en moi deux êtres bien distincts l'un de l'autre, le *moi dramatique,* qui vit avec activité et violence,... et le *moi philosophique,* qui se sépare journellement de l'autre moi, le dédaigne, le juge... » (p. 1032).

Ce qui est remarquable, c'est que cette séparation entre les deux moi s'opère dans l'ordre du temps, « journellement ». Elle est à refaire chaque jour, selon un mouvement que Vigny ne cherche pas à enregistrer, ni à interroger. La tentation est grande chez lui, au contraire, de rejeter à d'autres moments l'un des deux termes qui le composent, pour s'unifier. « Il y a deux sortes d'âmes parmi nous », écrit-il dans une longue note du 19 décembre 1835, intitulée « Etude de moraliste ». Et c'est donc qu'il n'y aurait pas d'âmes mixtes, ou doubles. « Les unes jouissent du moment présent et oublient, à l'instant même où elles se possèdent de cette enivrante émotion, et ce qui a précédé et la préoccupation de ce qui va suivre... L'âme contemplative au contraire est attentive à la fois aux trois points de l'existence... » (p. 1035). Mais quelle « âme » est Vigny? Des textes que nous avons cités plus haut montrent qu'il est de façon prédominante cet être « stendhalien », voué au présent. Mais ce n'est visiblement pas ce qu'il veut être. Vigny entre dans le détail de la description de ces sortes d'âmes, et nous comprenons pourquoi il ne veut pas s'identifier à elles : « Le point où elles peuvent arriver est un dessèchement complet du cœur. Un étourdissement perpétuel leur rend aussi bonne et aussi vive une impression qu'une autre... Caméléon perpétuel, elle finit par n'être ni heureuse ni malheureuse, c'est seulement une flamme qui ne s'allume qu'au mouvement des autres... » L'âme « contemplative », au contraire, selon lui, rayonne, « elle sent au milieu du monde la solitude s'étendre autour d'elle. Sa pensée la produit... » Cette seconde âme souffre, « voyant trop clair dans les choses de la vie elle en perd la jouissance ». Et ce texte d'une solennité suspecte se termine sur une prière à Dieu de multiplier les âmes contemplatives, non « les âmes faibles et mobiles en qui le *moment* seul produit une secousse galvanique, dont l'énergie convulsive ressemble à l'excès de la vie mais n'est en effet que la singerie de l'âme par l'agacement sensitif des nerfs ».

Finalement, Vigny nous éclaire sur le journal intime par son refus de s'y engager, refus lui-même entier et authentique. Ce que son âme lui révèle de servile, de bas, de sec, il le refuse, non sans cette grandeur qu'il a tant désirée. Il y perd de pouvoir, comme les diaristes, regarder avec impartialité sa propre inconsistance, sa dualité. Cette déficience nous apparaît justement quand il lit Stendhal et donne son appréciation de *La Chartreuse de Parme*, en juin 1839 : « Les portraits sont fins et vrais ; mais c'est la peinture d'un monde trop bas et haïssable pour sa lâche hypocrisie » (p. 143).

Amiel

Avec Henri-Frédéric Amiel (1821-1881 à Genève), l'on touche à un comble, à un extrême du journal intime. D'abord parce qu'il fut le premier à tirer profit de la brève histoire que nous avons parcourue, le premier à lire certains des journaux intimes dont nous avons parlé : ceux de Lavater, de Maurice de Guérin, de Maine de Biran, de Vigny (il connaissait aussi l'œuvre, mais non les journaux intimes, de Benjamin Constant, de Stendhal, de Michelet). Les huit volumes actuellement parus, de 1976 à 1988, de l'édition intégrale publiée aux éditions L'Age d'Homme à Lausanne (et qui en comprendra douze) couvrent les années 1839 à 1872[(*)] ; 1 100 à 1 200 pages de textes par volume, sans compter

(*) *Journal intime*, édition intégrale publiée sous la direction de Bernard Gagnebin et Philippe M. Monnier : t. I, 1839-1851, texte établi et annoté par P.M. Monnier, avec la collaboration de Pierre Dido, préfaces de B. Gagnebin et Georges Poulet, éd. L'Age d'Homme, Lausanne, 1976 ; t. II, janv. 1852-mars 1856, Lausanne, 1978 ; t. III, mars 1856-déc. 1860, texte établi et annoté par P. Monnier avec la collaboration d'Anne Cottier-Duperrex (avec photo des manuscrits : 174 cahiers de 100 pages, Bibliothèque de Genève), Lausanne, 1979 ; t. IV, déc. 1860-mai 1863, Lausanne, 1981 ; t. V, mai 1863-oct.1865, Lausanne, 1983 ; t. VI, oct.1865-mars 1868, Lausanne, 1986 ; t. VII, mars 1868-avril 1870, Lausanne, 1987 ; t. VIII, mai 1870-février 1872, Lausanne, 1988.

introductions, préfaces, annexes et index fort utiles d'ailleurs. Aussi bien Amiel tenait-il irrégulièrement son journal depuis l'âge de dix-huit ans, et quotidiennement à partir de l'automne 1847. « *Nulla dies sine linea* », note-t-il fièrement, « pas de journée sans ligne écrite », fût-ce celle-ci, fréquente et d'une contradiction qu'aucun humour ne relève : « Aujourd'hui, rien écrit. »

C'est donc déjà une masse écrasante de textes, d'autant plus écrasante qu'elle concerne pour l'essentiel, osons le dire, des faits triviaux, des pensées banales, des lectures conformistes, un enseignement peu novateur, le tout vu par un esprit certes intelligent, mais foncièrement timide. Ce néant volubile, il faut toute l'invention et la subtilité d'un Georges Poulet (« Amiel et la conscience de soi », en préface au tome I du *Journal* ; le chapitre XII des *Métamorphoses du cercle* et un texte dans « Mesure de l'instant », tome IV des *Etudes sur le temps humain*) pour lui redonner une architecture et un contenu. Amiel a voulu lui-même, en publiant dans des revues (comme la *Revue suisse*, dès 1851) des extraits choisis et revus par lui de son journal, en améliorer la qualité littéraire ; les titres de ces publications (*A bâtons rompus* ou *Grains de mil*) attestent de l'orientation qu'il voulait donner à ces extraits, mettant en relief soit un décousu artistique, soit de brefs concentrés de pensée ou de poésie, à la Joubert (qu'il lisait souvent). Mais Amiel n'avait visiblement pas ce talent. Poulet, en revanche, sait donner à des passages d'Amiel qui touchent à la mièvrerie un tranchant qui leur vient du contraste qu'ils forment avec le commentaire qui les entoure.

L'idée d'une édition intégrale de ces pages laisse rêveur, même si le patriotisme suisse romand y est impliqué. On comprend qu'il ait fallu près d'un siècle pour que le respectable « Comité de surveillance du Journal intime d'Amiel » (qui comprend des hommes de goût comme M. Raymond et J. Starobinski), dépositaire des volontés de l'écrivain lui-même, parvienne à mener à bien cette édition, qui fut précédée — après les éditions dues à Amiel lui-même dont nous avons parlé — par des éditions partielles, à commencer par celle de Bernard Bouvier en 1923, avant celles de Léon Bopp. Parmi ces dernières, regardons un instant le volume de l'année 1849 (Pierre Cailler éd., Genève, 1953). Il supprime beaucoup de passages insipides. Mais il laisse le lecteur souvent perplexe. Ainsi, page 142, une note de quatre lignes signale la suppression d'un « paragraphe de cinq lignes » (?). Page 177, note 1 : « En tête du fragment de ce jour [28 novembre 1849] figuraient quelque trente lignes que nous avons supprimées. (Amiel joue aux échecs avec un pasteur trop flegmatique, qui gagne une partie et en perd neuf ; visite de Heim portant un beau cache-nez ; conversations). » Lisant cet alerte résumé, on se prend à regretter la disparition du texte supprimé, en se disant qu'on ne détesterait pas, quelquefois, mener ce genre de journées.

Amiel voulait-il une édition intégrale ? Sans doute pas ; sans doute n'osait-il pas le souhaiter. A la lecture de la première édition du journal et des fragments posthumes de Maurice de Guérin, il caressa l'idée d'une publication similaire en ce qui le concernait. Mais l'œuvre de Guérin était de toute façon fort restreinte dans son volume. Il est clair en tout cas qu'Amiel a désiré que l'intégralité de son journal fût *conservée.* Aussi désigna-t-il un exécuteur testamentaire, Charles Ritter, un de ses anciens étudiants, qui renonça finalement à sa lourde tâche. C'est Fanny Mercier, institutrice dont Amiel avait fait la légataire du journal, qui se charge d'en extraire, selon le vœu de l'auteur, quatre à cinq cent pages de « réflexions », envoyées au critique littéraire du *Temps* de Paris, le sénateur Schérer, qui propose de les publier. Une étiquette de la main d'Amiel, sur une malle, porte ces mots : « En cas de malheur, je n'autorise *personne* à détourner ni à détruire, en tout ni en partie, aucun feuillet de mon *Journal intime...* » (13 juillet 1864). En 1874, il envisage que l'on publie après sa mort des « pensées et fragments de toute espèce extraits des douze mille pages du journal ». En 1883, il inscrit sur les précieux papiers: « Manuscrits à sauver en cas d'incendie ».

Edition intégrale: et pourtant, dès les premières lignes du premier volume, une note trop discrète nous signale que n'est pas reproduit le texte d'un premier carnet, couvrant la période du 18 octobre 1838 au 3 janvier 1839 (Amiel avait donc dix-sept dix-huit ans) et qui commençait par cette notation prometteuse: « Rien fait cette semaine. » Le diariste était décidément précoce, il était dès son adolescence en possession de ce talent qui fut aussi sa malédiction, et qui le poussait à déplorer le néant de sa vie. C'est que son journal joue visiblement le rôle d'un piège dans lequel il se prend avec délectation: celui de la réflexivité, d'un miroir dans lequel se réfléchit complaisamment ce qu'il appelle contradictoirement sa « paresse », à savoir sa capacité de rédiger quotidiennement ce journal, rempli de fastidieuses notes de lecture, de comptes rendus de soirées de discussion peu enthousiasmantes, de classifications méticuleusement menées, etc. (nous verrons un peu plus en détail le contenu de ces etc.), au lieu de se concentrer sur quelques œuvres. Mais le journal sert aussi à Amiel à se dispenser de vivre, ou plutôt (car il ne manque pas de vivre, de respirer, de se nourrir, de faire précocement carrière et de fréquenter la société) de vivre comme il en a à la fois envie et peur (« J'ai la terreur de l'inconnu », II, p. 310) : faire une cour plus efficace à des jeunes filles, se marier, se défaire du carcan de moralisme et de conformisme qu'il ne cesse d'assujettir autour de son propre cou.

L'édition intégrale du *Journal*, en ce sens, enferme les lecteurs dans la boucle magique qu'Amiel a lui-même nouée: un journal vaut par le détail, note-t-il, et il se plaint que, lorsqu'il cesse d'y écrire pendant quelques jours, y revenir soit si difficile. C'est que le journal est un vampire, qui exige que chaque fragment de vie lui soit offert. Offert, mais sous quelle forme ? Finalement guère sous celle des descriptions ou des analyses : si Amiel s'y laissait aller, il devrait par la force des choses renoncer à couvrir l'ensemble de ses activités et de ses pensées. Aussi a-t-il très souvent recours à des classifications, dans lesquelles on reconnaît l'esprit systématique et vaguement moralisateur que l'on avait vu à l'œuvre chez Maine de Biran, par exemple quand il se soumettait aux conseils du chevalier Jullien, dont Amiel a lui aussi lu l'œuvre avec grand intérêt, en 1854 (t. II, p. 740-1). Le *Journal* abonde ainsi en listes de principes (comme en dressait déjà Benjamin Franklin), de bonnes résolutions et de vœux numérotés, en collections de citations choisies pour leur valeur morale (tirées par exemple de *L'Imitation de Jésus-Christ*), en programmes étalés sur la semaine ou l'année et qui envisagent, en les ordonnant, les domaines d'activité et d'amélioration de soi. On le sent, ces listes ont une fonction d'évitement, elles donnent un travail maniaque et délectable qui gouverne Amiel au moment même où il se figure être magistral et dominer cette substance de sa vie qui fuit entre ses doigts. Typique est une longue analyse bureaucratique et sémantique, le 22 août 1855 (II, p. 1131-1133) des diverses nuances de la luxure, qui se termine par un aveu sinistre : « Midi sonne. Un soleil caniculaire tombe à plomb dans ma chambrette et me gonfle le cerveau. A cette heure sans doute, se fait le mariage civil d'une de mes connaissances, dont la disparition me chiffonne... »

C'est une prétendue « hygiène » (le mot est fréquent dans ces pages, on le retrouvera dans les papiers de Baudelaire) qui lui fait dresser, quand il relit les pages d'une année écoulée, des récapitulations avec subdivisions, des chronologies rétrospectives, comme s'il était l'archiviste de sa propre vie, voire des tables des matières et des répertoires qui devraient lui permettre, non pas de se relire en se confiant au hasard, mais de rechercher systématiquement tel ou tel élément vécu ou pensé. Ce goût administratif (qui niera qu'il y ait un lien entre la conscience morale calviniste et l'organisation rationnelle des sociétés modernes, comme l'ont dit Max Weber ou plus près de nous Michael Walzer, dans *La Révolution des saints ?*) nous vaut de « lire » des programmes de concert, des listes de livres lus, voire une classification, sur quatre pages serrées, de cent vingt pièces dramatiques de Calderón, avec les titres complets ; ou encore (c'est une sorte de record absurde) la reconstitution détaillée du plan de table d'un dîner de famille, avec ses quarante et un convives. On sait que la capacité quasi magique, attribuée à Simonide de Cos, de se souvenir des convives du repas tragique auquel il avait assisté, fournit le mythe fondateur de « l'art de la mémoire » (cf. le beau livre de Frances Yates portant ce titre). Chez Amiel, il semble s'agir moins de se souvenir que d'enregistrer, peut-être autant pour détruire ce qui fut que pour le sauver.

Car écrire des listes, c'est pour Amiel se donner l'impression d'écrire sans avoir à le faire vraiment. Or la peur d'écrire est chez lui peut-être plus forte encore que la peur d'aimer et de vivre. L'intimité du journal intime, ce confident complaisant, c'est ce qui lui permet de se laisser aller, plus même qu'à la simple répétition ou au recopiage, aux banalités moralisantes. Quel que soit l'écrivain concerné, ne peut-on d'ailleurs constater que son journal intime n'est pas le lieu où il est le plus audacieux? C'est peut-être là qu'il fait les aveux qui coûtent le plus ; mais le confinement des pages intimes ne favorise guère l'effort pour modifier les formes existantes, lesquelles sont l'enjeu d'une lutte entre les individus, et en général d'une lutte avec l'extérieur. Dans le *Journal* d'Amiel, il n'y a pas de lutte (même si les exhortations à lutter y abondent) ; car le Dieu auquel ce calviniste se réfère a perdu toute sa puissance agressive, toute sa lucidité ou son omniscience ; il n'est qu'une référence affadie, le nom d'une moralité que seule l'habitude maintient en place. Il bénit plus qu'il n'aiguillonne ou ne terrorise. « Ce monologue quotidien est une forme de la prière, un entretien de l'âme avec son principe, un dialogue avec Dieu », écrit-il certes en janvier 1872 (VIII, p. 1224). Mais ce Dieu joue plus le rôle d'un faire-valoir que d'un confesseur ou d'un juge.

Il suffit, pour remettre Amiel à sa place (lui qui ne cesse de se juger sévèrement, sans pour autant s'amender), de le comparer à Kierkegaard, sur le terrain où ces deux penseurs protestants se rencontrent, celui des hésitations sur le seuil du mariage (cf. le choix de *Délibérations sur les femmes*, présenté par Léon Bopp, Stock, 1954). Kierkegaard ouvre l'abîme entre la vie érotique et la vie morale, à travers des considérations qui, notons-le, sont à la fois très intimes (elles trouvent place en partie dans son *Journal*) et adressées à un public : pour une part, Kierkegaard est un publiciste et même un journaliste ; avec lui, les deux sens du mot français « journal » se croisent. Chez Amiel, en revanche, on n'a affaire qu'à des considérations purement privées, à des évaluations détaillées de telle ou telle jeune fille sur le plan racial, religieux (« le mieux serait *une protestante avec du sang catholique dans les veines...* », I, p. 277), sur celui de telle ou telle qualité ; mais l'hésitation sur le seuil du mariage est présentée comme une simple difficulté à choisir, avec des dilemmes en deux colonnes (auxquels d'ailleurs Kafka lui-même ne répugnera pas toujours), sans que soit sincèrement dite par Amiel l'horreur de la vie normale, ou même la peur de la vie sexuelle.

Ou plutôt, si cette horreur est dite, c'est pour enclencher une spirale sans fin, celle du souci moral presque sans contenu, de telle façon que l'objet de l'horreur se trouve relégué au second plan. Ainsi, l'une des obsessions du *Journal* d'Amiel, et qui le rend « intime » au sens où elle introduit le lecteur dans ce que chacun se doit de cacher, concerne les pollutions nocturnes (on pourrait parler aussi de sa peur de trop dormir, qui y est sans doute liée, mais n'a pas le même caractère spectaculaire). On reconnaît là une préoccupation ancienne de la morale chrétienne, renforcée à partir du XVIIIe siècle par des considérations pseudo-scientifiques sur la perte de substance vitale, « nerveuse », etc. Mais si l'on peut recommander au jeune chrétien de lutter contre la masturbation, ou si l'on peut le surveiller pendant la nuit pour l'en préserver, comment lutter contre les rêves qui semblent conduire à ces funestes émissions de semence ? A la date du 16 octobre 1840 : « Encore cette nuit, une de ces fatales émissions. Pour trancher court, *je fais vœu, pendant six mois (jusqu'à Pâques) de ne manger le soir autre chose que ma soupe, et des fruits s'il y en a, crus ou cuits.* — Ce sera déjà une cause de retranchée. Maintenant il faudra adopter le lavement d'eau froide, avant de me coucher, et peut-être les éponges imbibées de vinaigre. — Cette damnée faiblesse ! Je fais sans doute de mauvais rêves, mais qu'y faire ? Je ne connais pas ces rêves, je ne les sais jamais en me réveillant » (I, p. 164).

Il n'y a malheureusement pas là que les scrupules excessifs d'un adolescent tourmenté, puisque ces considérations se retrouvent tout au long du *Journal*, avec leurs contradictions. Car les pollutions ne sont pas pure mécanique, bien entendu ; elles passent par la pensée, requièrent sa collaboration, son acquiescement voluptueux. Si le dormeur a des pensées coupables, c'est qu'il a passé la journée dans un état d'impureté, logeant en lui des pensées assoupies que la nuit réveille (tout cela est déjà dans *La République* de Platon). L'homme pur, selon la théologie, comme l'homme d'avant la chute, doit connaître le repos sans rêves du « sommeil du juste ». « Est-on responsable de ses rêves ? Oui peut-être », écrit-il avec une certaine logique (I, p. 860). Mais adopter une telle façon de voir suppose de ne prêter aucune attention particulière au contenu même des rêves : il est le mal, il faut se tenir à l'écart de son royaume au moment même où l'on reconnaît qu'il n'existerait pas sans qu'on lui prête vie, puisque ces fantômes se nourrissent de la pensée même du rêveur. Peu d'indications donc sur ces rêves dans le *Journal* d'Amiel (alors que Lavater n'hésitait pas à les noter), mais l'enregistrement superstitieux de bonnes résolutions et des ratiocinations vertigineuses et vides qu'elles suscitent : « Qui sait si les précautions ne me sont pas funestes, et surtout l'appréhension. L'esprit se porte sur le sujet, et les rêves sont dans ce sens-là » (*ibid.*, p. 192-193). Encore un effort, et Amiel comprendrait l'équivoque de son désir d'amélioration ; mais il s'arrête. On éprouverait de la compassion pour le diariste, si en l'occurrence il faisait preuve d'un peu plus de courage pour essayer de comprendre ce qu'est la pureté, au lieu de se complaire dans une dénonciation paresseuse de l'impureté et du sexe féminin, toujours associés, dénonciation qu'il nourrit par la lecture fréquente de livres « licencieux », on dirait plutôt aguichants, comme les *Contes* de La Fontaine, qui lui donnent un plaisir vertueux et coupable, dont il lui faudra à nouveau se repentir, ou en tout cas enregistrer l'existence dans le *Journal*, etc.

Là où le *Journal* d'Amiel gagne sa qualité, en revanche, c'est quand l'intérêt pour soi y aboutit à une sorte de paradoxale dépersonnalisation, qui l'amène à des formulations surprenantes, originales, d'une profondeur novatrice. D'abord Amiel éprouve son inconsistance, sa fluidité, la dispersion de son être troué de néant, avec des formules qui retrouvent, plus ou moins spontanément, l'invention littéraire d'un Fénelon ou d'un Maine de Biran. Mars 1850 : « Je suis une comète sans noyau. » Mai : « Je me maintiens fluide et ne me cristallise jamais. » « Je me sens caméléon, kaléidoscope, protée, muable et polarisable, de toutes les façons, fluide, virtuel, par conséquent latent même dans mes manifestations, absent même dans ma représentation, semblable au *fluxus perpetuus* d'Héraclite » (18 mars 1862, IV, p. 580). Le temps d'une brève perception, le souci moralisant est suspendu (il revient hélas très vite). Puis, revenant sur les instants vécus ou sur les pages de journal déjà écrites, Amiel éprouve même le sentiment bizarre de ne pas se reconnaître, d'avoir affaire à un autre, qui n'est pas tout à fait un étranger pourtant. « Le journal intime me dépersonnalise tellement que je suis pour moi un autre et que j'ai à refaire la connaissance biographique et morale de cet autre » (19 avril 1876). Typique aussi est cet étrange rêve de 1852 : « Cette nuit, longtemps rêvé à quelqu'un, dont je lisais le journal intime, où beaucoup de pages coupées me faisaient l'effet de se rapporter de près ou de loin à moi » (II, p. 44). Cette distance prise d'avec soi (ici grâce à la liberté du rêve) dégage quelquefois Amiel — comme il dit si souvent désirer le faire — de son étouffant moralisme. Un instant là aussi trop bref, il regarde, nous aide à regarder, et la qualité de son âme apparaît, vue de loin et comme dans un espace lui-même lumineux : « Ce soir, la lune m'est apparue comme un grand aérostat éclairé à l'intérieur et voguant dans les champs bleus de l'espace » (II, p. 57 : passage qu'il avait sélectionné lui-même pour le publier). Oubliés les maux de tête et de ventre, la mélancolie, la tristesse, la volonté d'enseigner sans cesse, les jérémiades, les classifications et l'infini recopiage. La lune apparaît, creuse.[*]

---

[*] Sur le goût d'Amiel pour les aérostats et pour les bulles de savon, « aérostats en miniature », voir encore G. Poulet, *Les Métamorphoses du cercle,* rééd. Flammarion, 1979, p. 335-336.

Delacroix

Approchant du terme de cette étude, sans doute n'y a-t-il pas d'exemple plus instructif à relever que celui d'Eugène Delacroix, dont nous avons le *Journal* (voir l'édition intégrale avec introduction et notes par André Joubin, préface de Hubert Damisch, chez Plon, 1981). Ce journal débute en septembre 1822 — Eugène Delacroix a vingt-quatre ans, il a déjà exposé *Dante et Virgile* au Salon. Il note, de façon tout à fait classique pour nous désormais : « Je mets à exécution le projet formé tant de fois d'écrire un journal. Ce que je désire le plus vivement, c'est de ne pas perdre de vue que je l'écris pour moi seul ; je serai donc vrai, je l'espère ; j'en deviendrai meilleur. Ce papier me reprochera mes variations » (p. 19). Le journal débute par la déclaration typique : « Je vais écrire un journal ». Delacroix a conscience du risque de l'entreprise : oublier qu'on écrit pour soi seul, se laisser aller à déclamer, à pérorer face à un public. Ce qu'il demande au journal, selon un programme que le XIXe siècle doit certainement à l'exemple de Rousseau (mais derrière lui à Montaigne, à Montesquieu, auteurs que Delacroix, grand lecteur, fréquente assidûment), c'est la véracité, c'est l'aide du papier, fidèle et stable témoin, contre la labilité et la fugacité des impressions.

Malgré ces engagements solennels, ou peut-être à cause de leur gravité, le journal est interrompu en juillet 1824 (c'est en juin, encore, que Delacroix s'enjoint de « ne pas oublier d'acheter la *Science du bonhomme Richard* », de Benjamin Franklin, justement l'un des apôtres modernes du journal comme moyen d'amélioration et de contrôle de soi). Vient alors une interruption de vingt-trois ans (si l'on excepte des notes de voyage, comme les merveilleux carnets du voyage au Maroc de 1832, avec leurs croquis et leurs aquarelles, qui n'ont rien d'un journal intime). Puis le *Journal* reprend, et c'est désormais un peintre en pleine activité qui le tient. On peut dire qu'alors le journal ne fait qu'accompagner la peinture, l'anticiper, la nourrir, par exemple dans les descriptions que le peintre se donne la peine de rédiger de peintures comme celles de Rubens ou de Véronèse. Delacroix y note aussi des rencontres, des réflexions souvent fort développées, mais on sent que l'axe du journal (non sa matière) est formé par la conscience qu'a le peintre que son art est une lutte contre l'ennui ou la mélancolie (qui est aussi désorganisation et laideur), alors que le journal intime, justement, se nourrirait de cette mélancolie, naîtrait de cet ennui.

Or, si Delacroix est le plus littéraire des peintres, épris de lecture et d'écriture, il fait servir son journal — et son écriture en général — à le dégager de cette intimité écrivante qui lui semble un gouffre prêt à engloutir ses capacités. Il en avait, dans son journal de jeunesse, ressenti l'appel, qu'il décrivait en des termes proches de ceux employés par les maîtres du journal intime, les Constant, les Maine de Biran : « 7 avril 1824. Je viens de relire en courant tout ce qui précède : je déplore les lacunes. Il me semble que je suis encore le maître des jours que j'ai inscrits, quoiqu'ils soient passés. Mais ceux que ce papier ne mentionne point, ils sont comme s'ils n'avaient point été. Dans quelles ténèbres suis-je plongé? Faut-il qu'un misérable et fragile papier se trouve être... etc. » (p. 61-62). Or le journal d'après 1847 semble témoigner d'une lutte réussie contre cette tentation mélancolique, toujours présente et perceptible à de nombreux signes. Soit que Delacroix évoque avec une éloquence révélatrice ces hommes « qui dorment pour éviter l'ennui d'une oisiveté qui leur pèse » (7 avril 1852, p. 296) ; soit qu'il se félicite de constater, se mettant dans la même situation qu'en 1824, combien il échappe à la marée de l'ennui: « 15 novembre 1853. Je suis entouré de mes calepins des années précédentes; plus ils se rapprochent du moment présent, et plus j'y vois devenir rare cette plainte éternelle contre l'ennui et le vide que je ressentais autrefois... » (p. 381).

Le *Journal* de Delacroix, donc, est constitué soit par l'enregistrement de faits de sa vie qui touchent à son art (rencontres, conversations, lectures), soit par des réflexions en quelque sorte actives, en ce sens qu'elle se détournent de ce pôle d'inconsistance qu'est le moi qui se regarde. Delacroix, plutôt que de se regarder, philosophe, politique, esthétise. Il construit même, avec une grande intelligence, une conception esthétique de la vie, de la vie comme puissance esthétique, qui en quelque sorte le dispense de la tâche effrayante du journal intime. « En réfléchissant sur la fraîcheur des souvenirs, sur la couleur enchantée qu'ils revêtent dans un passé lointain, j'admirais ce travail involontaire de l'âme qui écarte et supprime, dans le ressouvenir de moments agréables, tout ce qui en diminuait le charme, au moment où on les traversait » (28 avril 1854, p. 417). Si ce « travail de l'âme », travail par lequel la substance de la vie est idéalisée et esthétisée, est involontaire, inutile de s'en charger: il suffit de le laisser se faire, quitte à en profiter, en se consacrant à l'art, qui lui ne se fait pas tout seul. « Je comparais cette espèce d'idéalisation, car c'en est une, à l'effet des beaux ouvrages de l'imagination. » Et Delacroix de poursuivre en distinguant le bon artiste, qui sait sacrifier « les détails inutiles ou repoussants ou sots », de l'artiste médiocre, qui n'est maître de rien (ce texte aurait ravi Baudelaire, s'il l'avait lu ; mais sans doute en a-t-il entendu l'équivalent dans des conversations).

Cependant, malgré ce congé donné au travail sur soi, le *Journal* continue obstinément (jusqu'à la célèbre note de juin 1863, deux mois avant sa mort : « Le premier mérite d'un tableau est d'être une fête pour l'œil », p. 808). Un devoir-écrire continue à se faire sentir. Et ce n'est pas sans une certaine émotion que nous voyons Delacroix recopier de nombreux passages des livres qui le touchent, en privilégiant des auteurs qui ont compté dans l'histoire que nous avons retracée. Par exemple, en mars 1857, Casanova, qui se souvient des plaisirs éprouvés pendant sa jeunesse et veut les renouveler par le souvenir, dans une vieillesse pour lui désolée, et qui écrit : « Quand je me les rappelle, je me sens rajeunir et mon existence reprend tous les charmes de la jeunesse, malgré la réalité qui me rejette si loin » (p. 653). Delacroix, bien évidemment, rejette une telle existence par le pur souvenir, à un moment où il dit vouloir « m'arrêter au moment où je suis et y jouir longtemps des avantages qu'il procure à un esprit vraiment raisonnable ». Mais, dans la même page, voici qu'il recopie longuement des extraits du *Journal intime* de Maine de Biran, tel que Sainte-Beuve, dans les *Causeries du lundi*, le faisait alors connaître au public. Evoquant un moment de ravissement, Maine de Biran écrit : « Si je pouvais rendre cet état permanent, que manquerait-il à mon bonheur ? J'aurais trouvé sur cette terre les joies du ciel. — Mais une heure de ce doux calme va être suivie de l'agitation ordinaire de la vie... Ainsi cette malheureuse existence n'est qu'une suite de moments hétérogènes qui n'ont aucune stabilité » (p. 653). Texte superbe sur l'impermanence, que Delacroix recopie au long avec fidélité, de même que d'autres textes qui marquent l'évolution du philosophe vers le stoïcisme et le christianisme, doctrines supposées aider à se rendre maître de cette instabilité.

On pourrait noter aussi, pêle-mêle, d'autres proximités: avec Stendhal, dont Delacroix fut l'ami (et avec qui il partagea une maîtresse) ; avec Baudelaire, évidemment, qui devait (bien que n'ayant pas tenu de journal intime à proprement parler, malgré le titre trompeur qu'on a souvent donné à *Fusées* et à *Mon cœur mis à nu*, ébauches d'ouvrages qui devaient être suprêmement concertés) changer radicalement la place de l'intimité dans la littérature, et peut-être plus pour les lecteurs que pour les écrivains mêmes. La plus connue, cependant, celle avec Byron (dont l'influence joua de façon si spectaculaire sur l'orientalisme de Delacroix), révèle dans ce contexte du journal une signification peut-être un peu inattendue. On sait qu'à côté de son œuvre proprement poétique, Byron laissait lui aussi des papiers intimes, des mémoires, des carnets(*), l'enregistrement de conversations privées, bref toute une matière non travaillée qui sembla à ses admirateurs porter de façon éminente la trace de son génie, dans la mesure justement où ce génie était marqué à la fois par l'emportement, par une violence intérieure et par l'aptitude décidée à saisir la perfection de l'incomplet, de l'improvisé, de ce qui n'est pas totalement concerté. Delacroix est très frappé par des remarques de Byron sur le poète Campbell: « Il en est des poèmes comme des tableaux. Ils ne doivent pas être trop finis: le grand art est l'effet, n'importe comment on le produit » (25 janvier 1857, p. 624) ; il recopie au long des extraits de conversations avec Byron du capitaine Medwin (parues en 1824), portant sur l'aptitude du poète à improviser, ou à paraître improviser (on imagine que Stendhal, lui aussi grand admirateur de

(*) A partir des douze volumes de *Byron's Letters and Journals*, Leslie Marchand a établi un choix en un volume, publié à Londres en 1982 et traduit en français par J.P. Richard et P. Bensimon, *Lettres et Journaux intimes*, Albin Michel, 1987.

Byron, a été touché sur ce même point) : « Il a le talent d'un *improvisatore*. La propreté de ses manuscrits étonne... Il y a des pages entières où on ne trouve pas une rature » (15 juillet 1850, p. 251).

Dans ces lectures de Delacroix se marque tout l'intérêt qu'il a ressenti pour le domaine à la fois spirituel et artistique de l'intime, un domaine où le non concerté se transformerait magiquement en art, où le travail sur soi se ferait de soi-même. Mais Delacroix, avec l'orgueil propre au peintre quand il se compare à l'écrivain, se tient sur la lisière de ce domaine. Il revendique pour l'intime une autre définition. Il l'écrivait déjà dès la première année de son journal, en des lignes lucides et farouches : « Quand j'ai fait un beau tableau, je n'ai pas écrit une pensée. C'est ce qu'ils disent. Qu'ils sont simples !... L'art du peintre est d'autant plus intime au cœur de l'homme qu'il paraît plus matériel ; car chez lui, comme dans la nature extérieure, la part est faite franchement à ce qui est fini et à ce qui est infini, c'est-à-dire à ce que l'âme trouve qui la remue intérieurement dans les objets qui ne frappent que les sens » (8 octobre 1822, p. 29). Autant dire que l'intime, selon Delacroix, n'est peut-être pas là où les écrivains croient le voir, victimes du piège merveilleux, aspirant, illusoire, qui manifeste quelquefois ses pouvoirs dans les journaux intimes.

Fin de cette histoire

Cette histoire du journal intime, nous l'avons fait commencer dans les années quatre-vingts du XVIIIe, à un moment critique de l'histoire de France. Avant la Révolution, donc. Cependant, il est tentant de relever la coïncidence, apparue à propos de Lavater, de Maine de Biran, de Constant même, entre cette nouvelle forme d'expression de la vie intime et l'apparition pendant quelques mois d'un mode nouveau de gouvernement, d'oppression et de contrôle, qui prétend contrôler jusqu'aux pensées des gouvernés : la Terreur.

Il serait ridicule d'exagérer l'importance de cette coïncidence et de vouloir y trouver une cause ou un stimulant (car Stendhal, en tout cas Stendhal enfant, vit dans la Terreur une cause de joie, et son style le plus spontané semble ne pas oublier cette impulsion première). On peut néanmoins rappeler, avec Edgar Quinet, que la religion robespierriste de l'Etre suprême demandait au peuple « l'abandon du sentiment intime, du secret entre l'homme et Dieu, du ciel intérieur » (*Le Christianisme et la Révolution française*, Fayard, 1984, p. 239). On ne peut exclure alors que la Révolution française, dans son expression la plus radicale, ait rencontré sur sa route ce qu'elle crut être pour elle un ennemi : une parole abritée, méditative, désireuse de se constituer en tribunal intérieur en récusant les jugements publics.

Cette histoire ne finit pas. Le journal intime nous paraît tout naturel : chaque soir, se mettre à sa table, faire le point sur ce qu'on a ressenti et pensé, se comparer à ce que l'on était la veille et un an auparavant, évaluer les progrès de son âme, la mettre à nu avec sincérité en profitant de la solitude, se confier à un papier qui vous sert de témoin et vous regarde sans hauteur... Et pourtant, il a fallu des siècles d'histoire occidentale, de littérature, pour que cette situation de pensée et d'écriture soit inventée sans bruit, soit mise en pratique secrètement.

Vient alors un moment où cette invention devient publique. Des journaux sont publiés, l'exemple est ouvertement donné. Une étape est franchie. On pourrait proposer comme date-charnière 1887-1888. 1887, c'est la première publication de journaux de Benjamin Constant. C'est aussi la publication par Eugène Crépet des *Œuvres posthumes* de Baudelaire, qui comprennent en particulier *Fusées* et *Mon cœur mis à nu*, considérés alors comme « œuvres intimes ». Dans ces textes, Nietzsche voit une chance : non seulement s'y trouve confirmée son intuition que Baudelaire était le véritable amateur que méritait Wagner ; mais surtout il voit apparaître là un type d'écrits inespérés, échappés par miracle à la destruction, portant témoignage d'une vérité souterraine, analogue à celle que lui-même cherche à diffuser ; et il parle d'« inestimables *Psychologies de la décadence* (*Mon cœur mis à nu* ressortissant à ce genre d'écrits qui dans le cas de Schopenhauer et de Byron ont été brûlés) » (lettre à Peter Gast, 26 février 1888, Nice).

En 1888, paraît également la première édition du *Journal* de Stendhal (par Stryienski et De Nion). Cette édition marque d'abord le début de ce triomphe posthume de

Stendhal que l'écrivain avait lui-même souhaité et prophétisé. Mais il n'avait pas explicitement prévu ce qui se passe alors : que ses écrits les plus personnels soient livrés au public, que cette parole non surveillée dans laquelle il s'exerçait, cherchait sa voix d'écrivain, devienne elle aussi source d'une autorité nouvelle, renversant ainsi les perspectives. L'intelligence aiguë de Nietzsche, qui vit ses dernières années de lucidité, ne manque pas de noter ce signe : « On *vient* d'éditer quelque chose de tout à fait inattendu : le *Journal* de Stendhal, ses *privatissima*, extraits d'environ seize cahiers découverts à Grenoble sous l'amas de ses papiers... » (à Peter Gast, 20 juin 1888, Sils-Maria). Cet événement est brutal en même temps que prometteur. Il ressemble à une violente mise à nu, il parle de l'absence de respect, d'un goût de l'investigation et de la recherche que plus rien ne freine. Mais, paradoxalement, sous l'effet de cette curiosité un peu naïve, vient à la lumière et à la parole un inédit, un inattendu qui peut modifier les conditions de la pensée. Après cette réalisation, ni le secret de la vie privée, ni la vie publique elle-même ne seront tout à fait les mêmes. Sans que la différence entre eux ait été abolie, une protection est devenue plus fragile, le posthume est entré dans le présent, le regard qu'un écrivain jette sur ses papiers, au moment même où il les couvre d'écriture, se charge de sous-entendus, de possibilités nouvelles...

C'est le début donc d'une autre époque, qui fait désormais du journal intime un genre littéraire établi, qui rend impossible à un écrivain d'en tenir un dans une innocence complète. Il doit savoir que, si son œuvre a quelque valeur, son journal aussi sera attendu. Il peut même, en une surenchère de sincérité, décider alors de l'écrire pour le publier, voire mettre en œuvre lui-même sa publication, comme l'a fait Charles Du Bos, dont le *Journal*, en même temps que le compte rendu de son cheminement de critique et d'homme, est une réflexion permanente sur la forme du journal (réflexion à laquelle je dois beaucoup). Mais cette date marque aussi une fin. Le journal intime cesse d'être aussi privé, aussi secret, aussi intime qu'il l'a été. Sa vocation publique désormais le surplombe et le précède. De nouvelles formes d'inédit et d'invisible ont à être inventées, de nouveaux moyens de dissimulation expérimentés, et tus. La lutte doit continuer entre cette part de la parole qui tend passionnément à la diffusion la plus large et une parole qui au contraire veut s'enfoncer, rester dans un cercle étroit, descendre même dans l'intimité de l'individu, pour le séparer de lui-même, pour le mettre en relation avec lui-même par le moyen de ce qu'il y a de plus collectif, de plus universel, de plus impersonnel, le langage.

INDEX

BIBLIOGRAPHIE

Editions de journaux intimes

Amiel, *Journal intime,* édition intégrale sous la direction de B. Gagnebin et P. Monnier.

Tome I, 1839-1851, texte établi et annoté par P. Monnier, avec la collaboration de P. Dido, préfaces de B. Gagnebin et G. Poulet, L'Age d'Homme, Lausanne, 1976.

Tome II, janv. 1852-mars 1856, Lausanne, 1978.

Tome III, mars 1856-déc. 1860, texte établi par P. Monnier avec la collaboration de A. Cottier-Duperrex, avec photographies des manuscrits : 174 cahiers de 100 pages (Bibliothèque de Genève), Lausanne, 1979.

Tome IV, déc. 1860-mai 1863, Lausanne, 1981.

Tome V, mai 1863-oct. 1865, Lausanne, 1983.

Tome VI, oct. 1865-mars 1868, Lausanne, 1986.

Tome VII, mars 1868-avr. 1870, Lausanne, 1987.

Tome VIII, mai 1870-févr. 1872, Lausanne, 1988.

Casanova Giacomo, *Mémoires* : 1744-1756, éd. R. Demoris-Flammarion, 1977 ; *Mémoires,* Pléiade, Gallimard, 1978.

Constant Benjamin, *Œuvres,* éd. par A. Roulin, Pléiade, Gallimard, 1957.

Delacroix Eugène, *Journal*, éd. avec introduction et notes par André Jobin, préface de H. Damisch, Plon, 1981.

Du Bos Charles, *Journal 1924-1925*, Corrêa, 1948.

Goethe, *Les Affinités électives*, L'Huillier, Paris, 1810.

Guérin Maurice de, *Poésie* et *Le Cahier vert*, éd. par Marc Fumaroli, Poésie/Gallimard, 1984.

Lavater J.C., *Journal*, trad. fr., Neuchâtel, 1843.

Maine de Biran, *Journal*, éd. intégrale par Henri Gouhier, La Baconnière, coll. « Etre et Penser ».
Tome I, févr. 1814-déc. 1816, Neuchâtel, 1954.
Tome II, janv. 1817-17 mai 1824, Neuchâtel, 1955.
Tome III, Agendas, Carnets et Lettres, Neuchâtel, 1957.

Marivaux, *Journaux*, éd. par F. Deloffre et M. Gilot, Garnier, 1969.

Montesquieu, *Cahiers*, éd. B. Grasset, B. Grasset éd., 1941.

Pepys Samuel, *Journal*, tr. par Renée Villoteau, Mercure de France, 1987.

Stendhal, *Œuvres intimes*, 2 vol., éd. par V. del Litto, Pléiade, Gallimard, 1982.

Vigny Alfred de, *Œuvres*, éd. par F. Baldensperger, Pléiade, Gallimard, 1948.

Young Arthur, *Voyages en France pendant les années 1787, 1788, 1789 et 1790*, tr. F. Soulès, Paris, Buisson, 1793.

Etudes critiques

Boland André, art. « Journal spirituel », in *Dictionnaire de spiritualité*, tome VIII, 1974, colonnes 1434-1443.

Chapelain Maurice, *Anthologie du journal intime*, Paris, 1947.

Didier Béatrice, *Le Journal intime*, Paris, PUF, 1976.

Girard Alain, *Le Journal intime et la notion de personne*, Paris, PUF, 1963.

Gusdorf Georges, *Mémoire et Personne*, 2 vol., PUF, 1951.

Histoire de la vie privée, tome IV, De la Révolution à la Grande Guerre, Seuil, 1987.

Intime. Intimité. Intimisme. Colloque de la Société des études romantiques, PU Lille, 1976.

Le Journal intime et ses formes littéraires, Actes du colloque de 1975, textes réunis par V. del Litto, Droz, Genève, 1978.

Leleu Michèle, *Les Journaux intimes*, PUF, 1952.

Madelenat Daniel, art. « Journal intime », in *Dictionnaire des littératures de langue française*, par J.P. de Beaumarchais, D. Couty, A. Rey, Bordas, 1984.

Mannoni Octave, *Un si vif étonnement: la honte, le rire, la mort*, Seuil, 1988.

Monglond André, *Le Préromantisme français*, 2 vol., Arthaud, Grenoble, 1930.

Poulet Georges, *Etudes sur le temps humain*, tome IV, Presses Pocket, 1989; *Les Métamorphoses du cercle*, Flammarion, 1979.

Starobinski Jean, *L'Œil vivant*, Gallimard, 1961.

TABLE DES ILLUSTRATIONS

Paris, musée du Louvre
Photo RMN, Paris

IX. Eugène Boudin (1824-1898)
Soleil couchant
Pastel
Paris, musée du Louvre, cabinet des Arts graphiques
Photo RMN, Paris

IX. Pierre de Valenciennes (1750-1818)
A Rocca di Papa, montagne cachée par des nuages
Paris, musée du Louvre
Photo RMN, Paris

IX-X. Nicolas Poussin (1594-1665)
L'Orage, 1651
Rouen, musée des Beaux-Arts
Photo Lauros-Giraudon, Paris

X. François Desportes (1661-1743)
Etude de nuages éclairés par le soleil couchant
Sèvres, Manufacture nationale de la céramique
Photo RMN, Paris

XI. Pierre de Valenciennes (1750-1819)
A Rocca di Papa, montagne dans les nuages
Paris, musée du Louvre
Photo RMN, Paris

XI. Hans Hartung (1904-1989)
T 1935 — 1, 1935
Paris, musée d'Art moderne — Centre Georges-Pompidou
© ADAGP, Paris, 1990
Photo Lauros-Giraudon, Paris

XII. Rodolphe Bresdin (1822-1885)
Les Rochers, 1884
Lavis gris et gouache blanche sur épreuve lithographique
Paris, musée du Louvre, département des Arts graphiques
Photo RMN, Paris

XIII. Francisco José de Goya y Lucientes (1746-1828)
Le Portefaix
Pinceau et lavis brun
Paris, musée du Louvre, département des Arts graphiques
Photo RMN, Paris

XIV-XV. Antonio Guardi (1698-1760) et Francesco Guardi (1712-1793)
Le Ridotto, vers 1750-1755
Venise, Ca' Rezzonico
Photo Scala, Florence

XVI. Caspar David Friedrich (1774-1840)
Le Cimetière sous la lune, 1834
Lavis brun, sur traits de crayon noir
Paris, musée du Louvre, département des Arts graphiques
Photo RMN, Paris

XVII. Jean-Etienne Liotard (1702-1789)
Nature morte, 1782
Pastel

Houston, The Menil Collection
© ADAGP, Paris, 1990
Photo archives L'Hopitault, Paris

XXX. Juan Gris (1887-1927)
Le Petit déjeuner, 1915
Paris, musée national d'Art moderne — Centre Georges-Pompidou
© SPADEM, Paris, 1990
Photo MNAM — Centre Georges-Pompidou, Paris

XXXI. Odilon Redon (1840-1916)
Le Prisonnier, vers 1880
Fusain, sur papier chamois
Paris, musée du Louvre, cabinet des Arts graphiques
Photo RMN, Paris

XXXII-XXXIII. Antoine Berjon (1754-1843)
Double étude de tulipe
Gray, musée Baron Martin
Photo RMN, Paris

XXXIV. René Magritte (1898-1967)
L'Evidence éternelle, 1930
Houston, The Menil Collection
© ADAGP, Paris, 1990
Photo archives L'Hopitault, Paris

XXXV. Le Titien (1488/1489-1576)
La Vénus d'Urbin, ensemble et détails, vers 1538
Florence, galleria degli Uffizi
Photo Erich Lessing/Magnum, Paris

XXXVI-XXXVII. Eugène Delacroix (1798-1863)
Album d'Afrique du Nord et d'Espagne, 1832
Plume et encre brune, aquarelle, sur traits à la plume et encre brune
Paris, musée du Louvre, département des Arts graphiques
Photo RMN, Paris

XXXVIII. Eugène Delacroix (1798-1863)
Portrait de l'artiste, détail, vers 1839, inachevé
Paris, musée du Louvre
Photo RMN, Paris

XXXVIII. Eugène Delacroix (1798-1863)
Un lit défait
Aquarelle
Paris, musée du Louvre, département des Arts graphiques
Photo RMN, Paris

XXXIX. Eugène Delacroix (1798-1863)
Journal d'Afrique du Nord et d'Espagne, 1832
Aquarelle, sur traits à la mine de plomb. Plume et encre brune.
Paris, musée du Louvre, département des Arts graphiques
Photo RMN, Paris

Photo RMN, Paris

XLIX. Sir Edward Burne-Jones (1833-1898)
La Roue de la fortune, 1883
Paris, musée d'Orsay
Photo RMN, Paris

L. Eugène Boudin (1824-1898)
Soleil couchant
Pastel
Paris, musée du Louvre, cabinet des Arts graphiques
Photo RMN, Paris

L. Théodore Rousseau (1812-1867)
La Mare ; ciel orageux
Paris, musée d'Orsay
Photo RMN, Paris

LI. Marc Rothko (1903-1970)
The Green Stripe, 1955
Houston, The Menil Collection
© Droits réservés
Photo archives L'Hopitault, Paris

LII-LIII. Gérard Gasiorowski (1930-1987)
Fleurs, 1973-1982
Acrylique sur papier
Galerie Adrien Maeght, Paris
© Droits réservés
Photo de la galerie

LIV. Hans Arp (1887-1966)
Selon les lois du hasard dites points et virgules, 1944
Relief en bois, peint
Bâle, Fondation Emanuel Hoffman, Kunstmuseum
© COSMOPRESS, Genève / ADAGP, Paris, 1990
Photo Colorphoto Hans Hinz, Allschwil

1

2

3

1. *Jean-Gaspard Lavater*
Pastel allemand, XVIIIe siècle
Paris, Louvre, cabinet des Arts graphiques
Photo RMN, Paris

2. *Samuel Pepys*
d'après Godfrey Kneller
Photo Harlingue-Viollet, Paris

3. *Giovanni Giacomo Casanova*
Portrait par son frère
Photo Collection Viollet, Paris

1

3

2

1. *Maurice de Guérin*
Gravure anonyme, XIXe siècle
Paris, Bibliothèque nationale
Photo BN, Paris

2. *Benjamin Constant*
Gravure anonyme
Paris, Bibliothèque nationale
Photo Collection Viollet, Paris

3. *Maine de Biran*
Tableau anonyme du XIXe siècle
Collection privée
Photo Madame de Ramefort

2

1

3

1. *Jules Michelet*
Photographie anonyme
Photo Collection Viollet, Paris

2. *Stendhal*
Dessin par Lehmann, 1841
Grenoble, musée Stendhal
Photo Collection Viollet, Paris

3. *Victor Hugo*
Caricature par Posper Mérimée
Paris, Maison de Victor Hugo
Photo Bulloz, Paris

1

3

2

1. *Alfred de Vigny*
Gravure par Lafosse, 1866
Paris, Bibliothèque nationale
Photo Harlingue-Viollet, Paris

2. *Eugène Delacroix*
Dessin par George Sand
Collection privée
Photo Bulloz, Paris

3. *Henri Frédéric Amiel*
Héliolithographie, 1875
Paris, Biliothèque nationale
Photo BN, Paris

TABLE DES MATIÈRES

DU MÊME AUTEUR

Le Premier Venu, essai sur la politique baudelairienne, Denoël, 1976.
De quoi j'ai peur, Gallimard, 1979.
Du bon usage des fragments grecs, Le Nouveau Commerce, 1976 et 1980.
Nuits étroitement surveillées, Gallimard, 1980.
La Violence du temps, Seuil, 1982.
Le Voyageur d'Occident, Gallimard, 1983.
Autobiographie de mon père, Belin, 1987.
La Force de dormir, Gallimard, 1989.

DANS LA MÊME COLLECTION

Volumes parus

Petit Guide pédestre de la littérature française au XVIIe siècle (1600-1660), par Michèle et Michel Chaillou.

Le Joli Temps — Philosophes et artistes sous la Régence et Louis XV (1715-1774), par Jean-Noël Vuarnet.

Les Villes imaginaires dans la littérature française, par Jean Roudaut.

Le Second XVIe siècle — Plumes et rafales (1550-1600), par Pierre Lartigue.

Les Baromètres de l'âme — Naissance du journal intime, par Pierre Pachet.

Volumes à paraître

Des mots et des mondes — Dictionnaires, encyclopédies, grammaires, nomenclatures, par Henri Meschonnic.

Un grand désert d'hommes (1851-1890), par Claude Mouchard.

La Littérature créole, par Patrick Chamoiseau et Raphaël Confiant.

Le Rameau subtil — Des femmes en littérature, par Natacha Michel et Martine de Rougemont.

Le Roman maritime, par Jacques Darras.